中华传统文化主题故事读本

修身齐家

高滨　杜威　主编

田社英　吕晓峰　侯鹏科　副主编

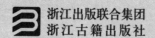

浙江出版联合集团

浙江古籍出版社

总序

习近平总书记在《在纪念孔子诞辰 2565 周年国际学术研讨会暨国际儒学联合会第五届会员大会开幕会上的讲话》中指出："包括儒家思想在内的中国优秀传统文化中蕴藏着解决当代人类面临的难题的重要启示，比如，关于道法自然、天人合一的思想，关于天下为公、大同世界的思想，关于自强不息、厚德载物的思想，关于以民为本、安民富民乐民的思想，关于为政以德、政者正也的思想，关于苟日新日日新又日新、革故鼎新、与时俱进的思想，关于脚踏实地、实事求是的思想，关于经世致用、知行合一、躬行实践的思想，关于集思广益、博施众利、群策群力的思想，关于仁者爱人、以德立人的思想，关于以诚待人、讲信修睦的思想，关于清廉从政、勤勉奉公的思想，关于俭约自守、力戒奢华的思想，关于中和、泰和、求同存异、和而不同、和谐相处的思想，关于安不忘危、存不忘亡、治不忘乱、居安思危的思想，等等。"

为了深入挖掘和阐发中华优秀传统文化的内在价值，让青少年感受其精髓，深化其根基，我们策划了《中华传统文化主题故事读本丛书》。本套丛书共八册，分别是《顺天应时》《爱国励志》《修身齐家》《清廉简约》《诚信仁爱》《勤勉敬业》《勇毅果敢》《革故鼎新》。

希望本套丛书能充分发挥故事的力量，让青少年不但获得中华优秀传统文化的滋养，更能以古代杰出人物为榜样，有所领悟，有所获得，有所借鉴。

目录

孔子名丘，字仲尼，鲁国陬邑人。他父亲是个地位不高的武官。孔子三岁的时候父亲就死了，他母亲只好带着他搬到曲阜住下来，把他抚养成人。据说他从小很爱学礼节，没有事儿时，就摆上小盆小盘，去学大人祭天祭祖的样子。

孔子年轻的时候，读书很用功。他十分崇拜周朝初年那位制礼作乐的周公，所以对古礼特别熟悉。当时读书人应当学的"六艺"，也就是礼节、音乐、射箭、驾车、书写、计算，他都比较精通。没到三十岁，他的名声就渐渐大了起来。

公元前 500 年，齐国的齐景公想拉拢邻国鲁国和中原诸侯，再现齐桓公当年的事业，就写信给鲁定公，约他在齐鲁交界的夹谷开个会。那时候，诸侯开会都得有个大臣当助手，称作"相礼"。鲁定公决定让鲁国的司寇孔子负责这件事。

孔子到齐国后，跟齐景公谈了他的政治主张。齐景公待他很客气，想把他留下来。但是相国晏婴认为孔子的主张不切实际，以致齐景公没有任用他。但是齐国的大夫黎锄认为孔子留在鲁国做官对齐国不利，劝齐景公给鲁定公送一班女乐去。齐景公挑选了八十名歌女送到鲁国。鲁定公接受了这班女乐，天天吃喝玩乐，不管国家政事。孔子感到很失望。他的学生说："鲁君不办正事，咱们走吧！"

从这以后，孔子离开鲁国，带着一批学生周游列国，他先后到过卫国、曹国、宋国、郑国、陈国、蔡国、楚国。在列国奔波了七八年，希望找个机会施行他恢复周朝初年礼乐制度的政治主张。可是，那个时候，大国都忙于争霸，小国都面临着被并吞的危险，整个社会都在发生变革。这些国家的国君没有一个愿意采纳孔子的政治主张。

最后，孔子回到鲁国，把全部的精力放到了整理古代文化典籍和教育事业上。孔子在晚年整理了几种重要的古代文化典籍，如《诗经》《尚书》等，并把鲁国史官所记的《春秋》加以删改，成为我国第一部编年体历史著作。在教育方面，它注重"学"与"思"的结合，提出了"学而不思则罔，思而不学则殆"和"温故而知新"等主张。他还首创了私人讲学，门下弟子有上千人。

春秋时期的书大多写在竹木简上，一根简上多则几十字，少则八九字。一部书由许多竹简组成，用牢固的绳子按次序编连成册，便于阅读。通常，用丝线编连的叫"丝编"，用麻绳编连的叫"绳编"，用熟牛皮绳编连的叫"韦编"。像《易》这样厚重的书，就是由许许多多竹简通过熟牛皮绳编连组成的。孔子"晚年喜易"，他花了很大的精力，反反复复把《易》读了许多遍，又附注了许多内容。

　　孔子因为反复阅读，把串连竹简的牛皮绳子磨断了好几次，不得不换上新的再使用。即使读书读到了这样的地步，孔子还谦虚地说："假如让我多活几年，我就可以完全掌握《易》了。"一分耕耘一分收获，不经一番风霜苦，哪得满园梅花香。根据孔子读《易》的故事，后人引申出"韦编三绝"这个成语，用以比喻读书勤奋用功。

孔子授徒兴学

孔子是我国的大思想家、大教育家，他的思想足足影响了中国人几千年，"天不生仲尼，万古如长夜"。

孔子周游列国，到处宣传自己的政治主张，可就是不被诸侯接纳。虽经年累月奔波，却四处碰壁。政治上的不得意，使孔子将很大一部分精力用在了教育事业上，他打破了教育垄断，开创了私学。孔子弟子多达三千人，其中贤人七十二，有很多成为各国栋梁。对于前来读书的学生，孔子只需他们送上一束干肉作为学费。

有人问他："什么样的人才值得您去培养呢？"孔子说："实施教育应该'有教无类'，不管是富翁还是穷人，是官家子弟还是普通百姓，是古稀老人还是年轻后生，都应该一视同仁，大家都有受教育的权利。"

孔子在课堂上因材施教，给学生恰到好处的点拨，让学生个个开动脑筋，发掘出自己的才华。这样培养出来的学生，到了社会上就是有用的人才。

时间一长，孔子办学的名声越来越大，招收的学生越来越多。有人向孔子请教："为什么您的学生都比较擅长思考？您是怎样教育他们的？"

孔子回答道："不到学生努力想弄明白但仍然想不透的地步，先不要去开导他；不到学生心里明白却又不能完善表达出来的地步，先不要去启发他。如果他不能举一反三，就暂时不要往下教了。"

孔子有一个弟子叫子夏。有一天，他问孔子："老师，颜回为人怎么样？"孔子沉吟了一下答道："颜回的仁爱之心超过了我。""那子贡呢？""他呀！他的辩才比我好。""那子路，子路呢？""要说勇武精神，我们都不如他。""那子张呢？子张难道也有胜过老师之处？"子夏满脸狐疑。孔子顿了顿，说："子张同学为人处世庄重严谨，比我这个做老师的要强。"子夏听到这里，禁不住站了起来。他躬身作揖问道："老师，这我就不明白了。既然那四位同学都有超过老师的地方，那么为什么他们还要跟着老师您学习呢？"孔子见子夏这样，忙举手向下按了按，并和蔼地对子夏说："子夏！你别着急，先坐下，听我慢慢说。颜回虽然很仁慈，但有时过分的仁慈导致他变得一味迁就他人，影响了自己对事情的正确决断，反而害了别人。所以说，他虽能仁，却不能忍。""至于子贡，他的口才的确很好，可谓辩才无双。他精通语言的妙用，却不识语言的局限，不懂得沉默的力量。所以，他能辩不能讷。""子路英勇过人，敢作敢为，是个不可多得的将才。但有时不懂得谦冲退让，持弱守雌，蓄势而动。这样难免会意气误事。所以说，他能勇，不能怯。""子张过于庄重严谨，以致清不容物。不能和其他人共处，不能容纳有污行的人，让人见之生畏，敬而远之。"孔子最后总结道："这就是他们要一心跟从我学习的原因。"

有一次，子路、曾皙、冉有、公西华四个学生陪孔子坐着。孔子说："不要认为我比你们年纪大一点，就不敢在我面前随便说话。你们平时

总在说：'没有人知道我呀！'如果有人知道你们，那么你们打算怎么办
呢？"子路赶忙回答："一个拥有一千辆兵车的国家，夹在大国之间，常
受外国军队的侵犯，内部又有饥荒。如果让我去治理这个国家，只需三
年功夫，就可以使人人勇敢善战，而且还懂得做人的道理。"孔子听了，
微微一笑。又问："冉有，你怎么样？"冉有回答说："一个方圆六七十里
或者五六十里的国家，如果让我去治理，三年时间就可以使老百姓富足
起来。至于修明礼乐，那就要等待高明的君子了。"孔子又问："公西华，
你怎么样？"公西华回答说："我不敢说能够做到，只是愿意学习。在宗
庙祭祀的工作中，或者在诸侯会盟时，我愿意穿着礼服，戴着礼帽，做
一个小相。"孔子又问："曾皙，你怎么样？"曾皙原本在弹瑟，听到孔
子的询问，他连忙停止弹奏，放下瑟直起身子回答说："我和他们三位的
志向不一样！"孔子说："那有什么关系呢？不过是各自谈谈自己的志向
罢了。"曾皙说："晚春的时候，春天的衣服已经穿在身上了。我愿和五六
位成年人，六七个青少年，到沂水里沐浴，在舞雩台上吹吹风，一路唱
着歌儿回来。"孔子长叹一声说："我赞成曾皙的想法！"子路、冉有、公

西华三个人都出去了，曾皙走在最后。曾皙问："他们三位的话怎么样？"孔子说："不过是各自谈谈自己的志向罢了。"曾皙说："您为什么笑子路呢？"孔子说："治理国家要讲礼让，可是他说话一点也不谦让，所以我笑他。难道冉有所讲的就不是国家吗？哪里见得方圆六七十里或五六十里的小国就不是国家呢？公西华所讲的不是国家大事吗？宗庙祭祀、诸侯会盟和朝见天子，不是诸侯的大事又是什么？如果公西华只能做小相，那谁又能做大相呢？"

　　孔子所教的学生中，有的比较富有，有的比较贫穷，子路就是较穷的一个。但他心态好，学习认真，受到孔子的赏识。孔子夸奖他："穿着破旧的棉袍和穿着裘皮大衣的人站在一起，却不感到羞耻的，恐怕只有子路吧？不嫉妒，不贪求，有这样品行的人，怎么会干不好事呢？"子路谦虚地说："和有钱的人在一起，我其实根本不在意，也不自卑。我想，穷点又有什么呢？如果去和人家攀比，就会局促不安，心情无法平静，也就学不好知识了。"孔子当着其他学生的面，进一步鼓励子路："能做到这样，已经很不错了。但还不够，还要在道德上进一步完善自己，因为德行的修持是没有止境的。"

　　孔子的办学是成功的，他门下出了许多优秀的学生。孔子因而也成了我国历史上最伟大的教育家，被尊为"至圣""素王"和"文圣"。

不耻下问

　　孔子是我国伟大的思想家、政治家、教育家，儒家学派的创始人，历代都被尊奉为"圣人"。然而孔子认为，包括他自己在内的所有人，都不是生下来就有学问的。

　　太庙是国君的祖庙。孔子曾去太庙参加鲁国国君祭祖的典礼。他一进太庙，就向人问这问那，几乎每一件事都问到了。当时就有人讥笑他："谁说'鄹（古地名，孔子出生地，在今山东曲阜东南）人之子'懂礼？他来到太庙，什么事都要问。"孔子听到人们对他的议论，答道："我对于不明白的事，每事必问，这恰恰是我知礼的表现啊！"

　　卫国大夫孔圉聪明好学，又非常谦虚。孔圉死后，卫国国君为了让后人都能学习和发扬他好学的精神，因此特别赐给他一个"文公"的谥号。后人就尊称他为孔文子。

　　孔子的学生子贡也是卫国人，但是他却不认为孔圉配得上那样高的评价。有一次，他问孔子："孔圉的学问及才华虽然很高，但是比他更杰出的人还有很多，凭什么赐给孔圉'文公'的称号？"孔子听了微笑着说："孔

圉非常勤奋好学，脑筋聪明又灵活。如果有不懂的事情，就算对方地位或学问不如他，他也会大方而谦虚地向对方请教，一点都不因此感到羞耻。这就是他最难得的地方，因此赐给他'文公'的称号并不会不恰当。"经过孔子的解释，子贡终于服气了。

后来有个王生，非常好学，但没有好的学习方法。他的朋友李生问他说："有人说你不善于学习，是真的吗？"王生很不高兴，说："凡是老师讲的，我都能记住，这不是善于学习吗？"李生劝他说："孔子说：'只学习但是不思考，就会感到迷惑而一无所得。'学习重在思考，你只是记住老师讲的知识，但不去思考，最终一定不会有什么收获，凭什么说善于学习呢？"王生更恼火了，转身就走。

过了五天，李生特地找到王生，告诉他说："那些善于学习的人不把向地位比自己低的人请教当成耻辱。我的话还没说完，你就变了脸色离开，几乎要拒人于千里之外，难道这是善于学习的人应该具有的态度吗？这是学习最忌讳的事！你为什么不改正呢？如果现在不改正，等年纪大了，耽误了岁月，即使想改过自勉，恐怕也来不及了！"王生这才醒悟过来，羞愧地说："请允许我把你的话当作座右铭，时刻警示自己。"

颜回好学

　　颜回，字子渊，鲁国人。他是孔子最喜欢的弟子。颜回二十九岁的时候，头发就已经全白了，四十来岁便早早去世了。鲁哀公曾问孔子："你的弟子中谁最好学？"孔子回答说："有个叫颜回的学生最好学。他从不把怒气发到别人头上，也不重复犯错误。他不幸去世后，我就再也没有听说有那么好学的人了。"

　　颜回聪敏过人，虚心好学，这使他较早地体认到孔子学说的精深博大。他对孔子的尊敬已超出一般弟子的尊师之情。颜回曾感叹地说："老师的道，越抬头看，越觉得它高明；越用力钻研，越觉得它深奥。看着它似乎在前面，等我们向前面寻找时，它又忽然出现在后面。老师的道虽然这样高深和不易捉摸，可是老师善于有步骤地教导我们，用各种文献知识来丰富我们、提高我们，又用一定的礼来约束我们，使我们想停止学习都不可能。我已经用尽我的才力，似乎已能够独立工作。但想要再向前迈一步，又不知怎样着手了。"所以在少正卯与孔子争夺弟子，使"孔子之门三盈三虚"时，只有颜回未离孔门半步。后人评价说：

"颜渊独知孔子圣也。"

颜回的不朽，在于其重立德，后世称他为"复圣"，便是对其立德的肯定。颜回之德的核心是"仁"，他把孔子的"仁"落实于个人的行动中，而不是停留在口头上。颜回正是以其高尚的道德人格影响着社会，启迪着后世。

石奢以身殉法

春秋时期，楚国有个大臣名叫石奢。一天，石奢奉命巡视。临行前，楚昭王对他说："这几年你忙于国事，这次巡视可以顺路回家看看。"石奢听了楚昭王的话，心里很高兴。其实，石奢早想回家看看了，只是他在朝中公务繁忙，再加上家乡位于偏僻的山野之地，路途遥远，交通不便，回一次家很不容易，才没有成行。

这一次，楚昭王主动提出让他回家探亲，石奢自然十分感激。离开都城后，石奢严格按照楚昭王的旨意，认真地巡视。巡视完毕后，石奢让随从们先回都城，自己则走小路回家了。

眼看就要到家乡了，忽然听到不远处的树林里传来呼救的声音。石奢急忙奔了过去，他看到一个人正举着武器向另外一个人砍去。石奢一个箭步冲上前去，紧紧抓住了那个杀人的凶犯。就在这个时候，他看清了那人的长相，一下子惊呆了——那个手拿凶器要杀人的不是别人，正是自己的父亲。石奢牢牢地抓住他父亲的领口，非常气愤地说："父亲，您怎么能随便杀人呢？这可是死罪啊。"石奢的父亲见是自己在朝中为官的儿子回来了，顿时松了口气，说道："这件事情只有天知、地知、你知、我知，只要你不对外人说，就不会有人知道。如果你还是我的儿子，那就放我走。"

石奢的内心矛盾极了，多年来对父母的思念与维护国法公正的信念不断在内心冲突。不知不觉中，他的手渐渐放松了，他的父亲趁机逃走。此时的石奢再也没了刚才那种回乡的喜悦，父亲的所作所为让他久久难以平静。他调转马头，日夜兼程返回都城，并把路上遇见自己父亲杀人和自己放走父亲的事情一五一十地禀告给楚昭王。他说："杀人的凶犯是我的父亲，如果我把他抓住并判他死刑，是违背孝道，我不忍心这么做；但是我把父亲放走了，就是纵容了杀人犯，这是有罪的。我作为大臣，知法犯法，应该被判处死刑。请大王将我处死吧。"

楚昭王觉得石奢年轻有为、廉洁公正、办事得力，实在是国家的栋梁。如今出了这样一件事，如果按照法律把石奢处死，实在太可惜。于是，他想了想说："在这件事情上，你并没有责任。因为你没有故意放走杀人犯，是你父亲自己趁机逃走的。我看这件事情就不要再追究了，你就安心料理政事吧。"可是，石奢却说："大王，您的恩典我非常感激。但是对我来说，不偏袒自己的父亲，就不是孝子；不按国家的法律办事，就不是忠臣。我做了孝子，却违背了国法。因此，即使大王赦免了我，我作为臣子也有责任维护国家法律的尊严。"说完，他拜别楚昭王，离开王宫。刚走出宫门，他便拔出宝剑，自刎而死。楚昭王和大臣们都为楚国失去这样一个奉公守法的好官而感到可惜。

介子推功不言禄

公元前 655 年，晋国公子重耳由于遭到其父宠姬骊姬的陷害，被迫带着一群家臣仓惶出逃，踏上了流亡之路。跟随重耳出逃的人中就有介子推。有一年逃到卫国，一个随从偷光了重耳的资粮，逃入深山。重耳无粮，饥饿难忍。他们向农夫乞讨，可不但没要来吃的，反被农夫们用土块当成饭戏谑了一番。为了让重耳活命，介子推到山沟里，把腿上的肉割下了一块，与采摘来的野菜同煮成汤献给重耳。当重耳知道自己吃的是介子推腿上的肉时，大受感动，声称有朝一日做了国君，要好好报答介子推。

十九年后，重耳回国做了君主，他就是著名的春秋五霸之一的晋文公。晋文公对那些和他同甘共苦的臣子大加封赏，唯独忘了介子推。介子推没有主动请赏，他认为忠君的行为发乎自然，没必要得到奖赏，并以接受奖赏为耻辱。他说："晋文公成为国君，实为天意，而跟随文公逃亡的人却认为是自己的贡献，这不是欺骗吗？臣子将欺骗当作道义，国君对这些奸诈的人给予赏赐，君臣上下互相欺瞒，我难以和他们相处！"于是，他决定隐居绵山，成为一名不食君禄的隐士。他的母亲说："你为什么不去请求俸禄？就这样贫穷地死去又能埋怨谁呢？"介子推回答说："一边斥责错误一边又效仿它，罪过更要加重了。而且我发出过怨言，不应再接受国君的俸禄了。"母亲又说："也让国君知道这件事，怎么样？"介子推回答说："言语，是身体的装饰。身体将要隐居了，哪里还要用言语去装饰它？这样做就是为了乞求显贵啊。"他的母亲说："你能这样想，我便和你一块儿去隐居。"

有人在晋文公面前为介子推叫屈。晋文公猛然忆起旧事，心中有愧，马上差人去请介子推上朝受赏。可是，差人去了几趟，都没有请到介子推。晋文公只好亲自去请。当晋文公来到介子推家时，只见大门紧闭。打听之下，才知道介子推已经背着老母躲进了绵山。晋文公便让他的卫队上绵山搜索，但并没有找到介子推母子。于是，有人建议放火烧山，三面点火，留下一面，大火起时介子推就会自己走出来。晋文公便下令举火烧山，孰料大火烧了三天三夜，最终也不见介子推出来。上山一看，介子推母子俩已经死在了一棵烧焦的大柳树下。人们为了纪念介子推，就在那个月不生明火，吃饭也只吃冷食。后来，一个月渐渐缩短为一天，即清明节的前一两天。这天被称为"寒食节"。

叨陪鲤对

孔鲤是孔子的独子。他出生时，鲁哀公派人送去一条大鲤鱼祝贺，孔子便给儿子起名孔鲤，取字伯鱼。孔鲤比孔子先去世，因为是圣人之子，故被宋徽宗封为"泗水侯"。

孔子的弟子陈亢曾问孔鲤："你在老师那里听到过什么特别的教诲吗？"孔鲤回答说："没有呀。有一次父亲独自站在堂上，我快步从庭上走过，他问我：'学《诗》了吗？'我回答说：'没有。'他说：'不学《诗》，就不懂得怎么说话。'我便回去学《诗》。又有一天他独自站在堂上，我快步从庭上走过，他问我：'学《礼》了吗？'我回答说：'没有。'他说：'不学《礼》就不懂得怎样立身。'我便回去学《礼》。我就经历过这两件事。"陈亢回去后高兴地说："我提一个问题，得到了三方面的收获——获得关于《诗》的启发，获得关于《礼》的启发，还获得了君子不偏爱自己儿子的启发。"

　　春秋时期，晋国有个乐师叫师旷，他虽眼睛失明，但弹得一手好琴，还精于辨音。有一次，晋平公对师旷说："我已经七十岁了，想要学习，但是恐怕已经晚了吧！"师旷说："为什么不点燃蜡烛呢？"平公说："哪有做臣子的和君主开玩笑的呢？"师旷说："我是一个双目失明的人，怎敢戏弄君主呢？我听说：'年少时喜欢学习，就像初升的太阳一样；中年时喜欢学习，就像是正午的太阳一样；晚年时喜欢学习，就像是点蜡烛一样明亮。'点燃蜡烛照明和摸黑走路比，哪个更好呢？"平公深受启发，连连说："你说得好啊！"

孙叔敖纳谏

公元前 599 年，孙叔敖被楚庄王拜为令尹（即国相）。他主张"施教于民""布政以道"，极为重视民生经济，制定、实施有关政策法令，尽力使农、工、商各得其便。当时的楚国通行贝壳形状的铜币，叫做"蚁鼻钱"。庄王嫌它重量太轻，下令将小币铸成大币，老百姓却觉得不方便，商人们更是蒙受了巨大损失，纷纷放弃商业经营，这使得市场非常萧条。更为严重的是，市民们都不愿意在城市里居住谋生了，这就影响了社会的安定。孙叔敖知道后，就去见庄王，请求他恢复原来的币制。庄王答应了，三天后，市场又恢复了原来的繁荣。

孙叔敖担任令尹后，全城的官吏和百姓都来祝贺。有一个老人，穿着麻布制的丧衣，戴着白色的帽子来见孙叔敖。孙叔敖整理好衣帽出来接见，他对老人说："楚王不了解我才能有限，让我担任令尹这样的高官，人们都来祝贺，只有您来吊丧，莫不是有什么话要指教？"老人说："身份高了却对人骄横无礼，人民就会离开他；地位高了却擅自用权，君王就会厌恶他；俸禄优厚了却不知足，祸患就隐伏在那里。"孙叔敖向老人拜了两拜，说："我诚恳地接受您的指教，还想听听您其他的意见。"老人说："地位越高，态度就更要谦虚；官职越大，处事更要小心谨慎；俸禄已经很丰厚，就千万不要索取别人的财物。您严格地遵守我所说的这三条，就一定能够把楚国治理好。"孙叔敖回答道："您说的太好了，我都记下了。"

孙叔敖果然说到做到，成为了我国古代为官清正廉洁的典范。他曾三上三下，升迁和恢复职位时不沾沾自喜，失去权势时不悔恨叹息。孙叔敖作为令尹，权力在一人之下、万人之上，但他轻车简从，吃穿简朴。他辅佐楚庄王这一时期，楚国上下和合、世俗盛美、吏无奸邪、盗贼不起、三军严肃、百姓无扰，一跃成为春秋诸国中的军事大国。

孟母教子

　　孟母是一位善于教子的伟大母亲。孟子能够成为中兴儒学的"亚圣"，成为我国传统思想体系中地位仅次于孔子的人，与他母亲对他的教育是分不开的。

　　孟家最初坐落在一片墓地附近，经常有出殡送葬的人群从附近经过。因此，孟子与其他孩子就模仿送葬的人群，玩抬棺材、掩埋死人的游戏。孟母认为这样的环境会影响孩子的学习，妨碍孩子健康人格的形成，便决定搬家。孟母带着孟子搬到一个新住处。这里是一处繁华的市场。孟子在闹市之中，逐渐又同集镇上的孩子一起玩起做生意的游戏，还学商贩叫买吆喝，讨价还价。孟母觉得这里仍然不是培养孩子的理想环境。她毅然决定再搬一次家。这回他们搬到了学宫旁边。那是孔子之孙子思设宫讲学的地方，后来子思的学生也在此收徒讲学。母子搬到这儿后，天资聪颖的孟子果然为学宫里的琅琅读书声所吸引，常到学宫跟着学习诗书，演习礼仪。孟母很高兴自己终于找到了培养孩子的理想场所，从此就在这里定居了下来。

　　孟子虽然天资聪颖，但是也有一般孩子的顽皮。到

学宫学习了一段时间后，他又开始贪玩了，有时甚至还逃学。有一次孟子早早地跑回了家，他的母亲正在织锦缎。孟母见儿子回来，就问道："今天学了些什么知识？学得怎么样呀？"孟子漫不经心地回答："天天都是那些东西，昨天、今天、明天都是一样，没有什么不同。"孟母见他无所谓的样子，十分恼火，拿起剪刀"噌"的一声，就把织好的锦缎剪断了。孟子害怕极了，战战兢兢地问母亲："这么好的锦缎，你用了好长时间才织起来的，为什么把它剪断了呢？这么长时间的功夫不是白费了吗？"孟母说："你不好好学习，荒废学业，如同我剪断这锦缎一样。有德行的人学习是为了树立名声、增长知识。所以平时能提升自己的修养，做起事来可以避开祸患。现在你荒废了学业，将来什么事都做不成，而且难以避开祸患。这就跟我把锦缎剪断一样，前功尽弃，半途而废。"孟子吓了一跳，自此，他从早到晚勤奋学习，不再贪玩，终于成了一个有大学问的人。

嗟来之食

战国时期，各诸侯国互相征战，民不聊生。倘若有了天灾，老百姓就更没法活了。这一年，齐国大旱，一连三个月没下雨，田地干裂，庄稼全死了，穷人吃完了树叶吃树皮，吃完了草苗吃草根，眼看着一个个都要饿死了。可是富人家里的粮仓堆得满满的，他们照旧衣食无忧。

有一个叫黔敖的富人，他想拿出点粮食给灾民们吃，却又摆出一副救世主的架子。他把做好的食物摆在路边，施舍给过往的饥民们。每过来一个饥民，黔敖便拿出一些食物，傲慢地吆喝："喂！过来吃吧！"

这时，有一个饥民走过来，只见他满头乱蓬蓬的头发，衣衫褴褛，将一双破烂不堪的鞋子用草绳绑在脚上。他一边用破旧的衣袖遮住面孔，一边摇摇晃晃地走着。黔敖看见这个饥民的模样，便拿出一碗饭，还盛了一碗汤，对着他大声吆喝着："喂，过来吃吧！"饥民瞪大双眼看着黔敖说："收起你的东西吧，我宁愿饿死也不愿吃这样的嗟来之食！"

黔敖满面羞惭，连忙追上去向他道歉。但饥民仍然不愿吃黔敖施舍的食物，最终饿死了。

甘戊渡河

战国时，秦国有个叫甘戊的大臣出使齐国。在渡过一条大河时，船夫说："河面那么窄，你却不能自己渡过去，还能为国君去游说吗？"甘戊回答说："不对，你不了解，世间万物各有长处和短处。那种谨慎老实、诚恳厚道的臣子可以让他们侍奉君主，却不可以叫他们带兵打仗；骐骥这样的好马，能够日行千里，但如果把它们放到屋子里让它们捕老鼠，还赶不上一只小猫；干将可算是锋利的宝剑，天下闻名，可是木匠用它做木工活，还比不上一把普通的斧头。现在用船桨划船，让船顺着水势起伏漂流，我不如你；然而游说各国的君主，你就不如我了。"船夫听了甘戊一席话，顿时无言以对。他心悦诚服地请甘戊上船，送甘戊过了河。

圯上受书

张良出身于韩国贵族世家，祖父张开地连任三朝宰相，父亲张平亦任二朝宰相。至张良时代，韩国已逐渐衰落，并于公元前 230 年为秦国所灭。张良心存亡国亡家之恨，并长期致力于反秦斗争。他弟死不葬，散尽家资，找到一个大力士，为他打制了一只重达一百二十斤的大铁锤，准备刺杀秦始皇。

公元前 218 年，秦始皇东巡，张良很快得知秦始皇的巡游车队即将到达阳武县，于是他指挥大力士埋伏在进入阳武县的必经之地——古博浪沙。不多时，远远看到秦始皇的车队由西边向博浪沙处行进过来，前面鸣锣开道，紧跟着是马队清场，车队两边，大小官员前呼后拥。见此情景，张良与大力士确定是秦始皇的车队到达。但所有车辇全为四驾（按制，天子六驾），分不清哪一辆是秦始皇的座驾。张良见车队最中间的那辆车最豪华，于是指挥大力士向该车击去。一百二十斤的大铁锤一下将乘车者击毙。张良趁乱钻入芦苇丛中，逃离现场。然而，被大力士击中的只是副车，秦始皇因多次遇刺，早有防备，所有车辇全部四驾，还时常换乘座驾，

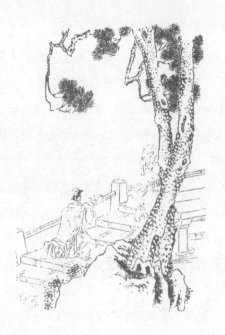

张良自然很难判断哪辆车中是秦始皇。秦始皇幸免于难，对此事十分恼怒，下令全国缉捕刺客，但因无从查起，后来不了了之。

一天，张良闲步沂水桥头，遇到一位穿着粗布短袍的老翁。这个老翁走到张良身边时，故意让鞋掉落到桥下，然后傲慢地差使张良道："小子，下去给我捡鞋！"张良看他年纪很大，便强忍心中的不满，替他把鞋取了上来。随后，老人又抬起脚来，说："给我穿上。"张良想着既然已经帮老人把鞋取了上来，穿就穿吧。便继续强压怒火，跪下来小心翼翼地帮老人穿好鞋。老人非但不谢，反而仰面长笑而去。张良呆视良久，只见老翁走出里许后，又返回桥上，对张良赞叹道："孺子可教啊。"并约张良五日后的凌晨再到桥头相会。张良不知何意，但还是恭敬地跪地应诺。

五日后，天微微亮，张良急匆匆地赶到桥上。谁知老人故意提前来到桥上，此刻已等在桥头，见张良来了，忿忿地斥责道："与老人约好了时间，为什么来晚了？五日后再来！"说罢离去。五日后，张良鸡鸣时分就来到桥上，却再次晚了老人一步。第三次，张良索性半夜就到桥上等候。他经受住了考验，其至诚精神感动了老者，于是老者送给他一本书，说："读了这本书，就可以当帝王的老师了。十年后天下大乱，你可用这本书兴邦立国。"说罢，扬长而去。这位老人就是传说中隐身岩穴的高士黄石公，亦称"圯上老人"。

张良惊喜异常，捧书一看，乃《太公兵法》。从此，他日夜研习这本兵书，终于成为一个深明韬略、文武兼备、足智多谋的"智囊"。公元前209年，陈胜、吴广在大泽乡揭竿而起，举兵反秦。紧接着，各地反秦武装风起云涌。矢志抗秦的张良也聚集了一百多人，扯起了反秦的大旗。后来他遇上刘邦率领的义军，两人一见如故，张良多次以《太公兵法》为刘邦出谋划策，刘邦也常常采纳张良的谋略。

最终，张良成为秦末汉初杰出的谋士，与韩信、萧何并称为"汉初三杰"。汉高祖刘邦在洛阳南宫评价说："夫运筹策帷帐之中，决胜于千里之外，吾不如子房。"

　　东汉明帝时，会稽吴县人陆续在太守尹兴的门下做属官。因尹兴涉入楚王刘英谋反案，陆续等属官也被关进了洛阳监狱。陆续的母亲得知儿子被下狱，立即从吴地赶到洛阳。她没法到监牢里去和儿子见面，只能亲自做了吃食，托狱卒送给儿子。严刑拷打下始终慷慨陈词、面无惧色的陆续见了狱卒送来的饭菜，突然跪下来泣不成声。

　　主审官听说此事，非常奇怪，就召陆续来问话。陆续说："我母亲跋涉千里来看我，却不能相见，所以心中感到悲伤。"主审官大怒，认为一定是狱卒为犯人通风报信，立刻下令把送饭的狱卒带来当庭对质。陆续说："我是因为认出这份饭菜出自母亲之手，所以才知道她来了，并非有人通风报信。"主审官说："你怎么知道这饭菜是你母亲做的呢？"陆续说："我母亲做饭，切的肉都是方的，切的葱全都一寸长，所以我知道。"

　　主审官派人到客栈调查，果然是陆续的母亲在听到儿子被捕的消息后，心急如焚，不远千里前来看望儿子。主审官深为他们母子的心意相通所感动，并上书向汉明帝陈述陆续的故事。明帝于是下诏赦免了陆续，太守尹兴也被释放。

牛衣对泣

　　王章是西汉时的大臣，以直言敢谏闻名。他年轻时在京城长安求学，与妻子住在一起，过着贫穷的生活。

　　有一次，王章生病，却没有被子，只好盖着用乱麻和草编织成的护被。这是当时给牛御寒用的，人们称它为"牛衣"。王章蜷缩在牛衣里，冷得浑身发抖。他以为自己快死了，便哭泣着对妻子说："我的病很重，连盖的被子都没有。看来我就要死了，我们就此诀别吧！"妻子听了，怒气冲冲地斥责他说："你倒是说说，京师朝廷中的那班贵人，他们的学问谁及得上你？现在你贫病交迫，不自己发奋振作精神，反而哭泣，多没出息呀！"王章听了这席话，不禁暗自惭愧。病愈后，王章发奋读书，终于成了有用之才。

严光，字子陵，会稽余姚人。他年轻时便很有名，曾与汉光武帝刘秀同在太学学习。光武帝即位后，他改换了姓名，隐居起来不再出现。光武帝想到他的贤能，就下令按照严光的形貌在全国查访他。后来齐地上报说："有一位男子，常披着羊皮衣在水边钓鱼。"光武帝怀疑那就是严光，便准备了小车和礼物，派人去请他。使者请了三次才把严光请到，光武帝安排他在京师护卫军营住下，供给床褥等用具，宫中管膳食的官员每天早晚供给酒食。

司徒侯霸与严光是老相识，他派人送信给严光。送信的人对严光说："侯公听说先生到了，一心想立刻就来拜访，限于朝廷制度，所以没能成行。希望能在天黑后，亲自来向你表达歉意。"严光不说话，将书简交给送信的人，说："侯霸先生官位到了三公，这很好。怀着仁心辅助皇帝按道义行事的，天下人都会称赞，拍马屁看人脸色办事的，可就要身首异处了。"侯霸收到回信后看过，又封好了交给光武帝。光武帝笑着说："这家伙还是老样子。"当天就亲自来到严光居住的馆舍，严光睡着不起来，光武帝就进了他的卧室，说道："唉呀！严子陵，你就不能相帮着做点事吗？"严光睡着不讲话，过了好一会儿，才睁开眼睛说："过去，巢父听说唐尧那样的圣德之君要授给自己官职，尚且去洗耳朵。读书人本各有志，何必要强迫人家做官？"光武帝说："严子陵，我竟然不能使你作出让步？"只能叹息着离开了。

　　光武帝授予严光谏议大夫的职务，严光不肯屈意接受。而是回到富春山过着耕读的生活，后人把他垂钓的地方命名为严陵濑。建武十七年（17），光武帝又一次征召他，严光还是没有去。他活到八十岁，最后在家中去世。

蒲草编书

　　路温舒是西汉著名的司法官。他的父亲是里中的一个守门人。幼年时，家里非常穷困，所以路温舒小时候经常需要干活，但是他依旧很努力地抽时间学习。每天，他看着那些有钱人家的孩子到学堂去读书，心里就非常羡慕。

　　有一次，路温舒去割草，不知不觉地就来到了学堂。他急忙把草筐割满，悄悄地到学堂窗外偷听老师讲课。他用心听讲，只半天时间，竟学会了十几个字，这使他欣喜若狂。第二天上午，他又把牛牵到学堂外边，拴好牛让它随便吃草，自己悄悄来到学堂窗下听讲，到中午又学会了十几个字。下午又是如此。

　　几天以后，老师终于发现了这个窗外偷听的学生，仔细询问过以后，才知道这个叫路温舒的小孩虽然喜爱读书，但因家贫无力上学。老师被感动了。他又问了问这几天的课程，小温舒对答如流。老师非常惊奇，认为这是一个非常聪明好学的孩子，将来一定大有前途。老师对路温舒说："有工夫你就来窗外听吧，白天没工夫，你就晚上来！"就这样，路温舒一边割草放牛，一边在学堂窗外听课。他起早贪黑地学习，几年以后，学业大有长进，学堂里老师的书他几乎读完了。随着知识的增长，他的求知欲越来越旺。通过老师的介绍，他到邻村李家去借书看。李家是当地的望族，藏书十分丰富。路温舒每晚点灯夜读，一直到鸡鸣才和衣而睡。有时书还没读完，就要还书，他便想把书抄下来。但他买不起写字用的竹简，只好把借阅的书读懂吃透，记清背熟。

有一天路温舒在河边放羊，见河中蒲草茂盛，郁郁葱葱。他灵机一动：这蒲草宽宽的叶子，不正像竹简吗？把它晒干，在上面写字抄书，再把蒲叶用线编起来，这样做出来的书册比竹简更轻、更便于携带。他当即割了许多蒲草就地晾晒，等蒲草干了以后，就在蒲草叶子上用心地抄写《尚书》，然后把这些写满字的蒲叶按序串编在一起。

从此，路温舒学习更加勤奋，他不断地借书抄书，不断地割蒲串编。几年以后，他抄完了《论语》《孟子》《国语》《战国策》等书籍。他抄写的蒲编堆满了他住的屋子，一直顶到房梁。他也成了一个满腹经纶的青年学子。

路温舒在抄书的过程中学到了很多的知识，并且磨练出了坚强的意志，他在自己的努力之下成为了一个非常有学问的人，还被举荐为朝廷的官员。

东汉永平十一年（68），黄香出生在江夏安陆一个贫苦的家庭里。其父黄况是西汉宣帝时丞相黄霸的六世孙，籍贯淮阳阳夏。东汉初年，黄况被举为孝廉，曾任郡五官掾（具有多种职能的小吏）和叶县令，立籍江夏。黄况为官清正廉洁，因此家境贫寒。黄香是一个幼慧早熟的孩子，他从知事时起，便主动操持家务。九岁的时候，母亲去世，他十分思念母亲，以致面容憔悴，乡里人称赞他特别孝顺。母亲去世后，他对父亲更加孝敬，尽心奉养。夏天酷暑难当，他便将枕席扇凉，再请父亲安歇；冬天天寒地冻，他便钻进被窝里，以自己的体温去温暖冰冷的被褥，直至被褥暖和了，再请父亲入睡。黄香的舅父龙乡侯很有钱，他知道黄香贫穷，便特制衣被相赠。黄香安贫乐道，婉谢不受。

黄香自幼聪慧过人，博览群书，十二岁时便懂经史、通道术、能文章。家乡父老无不称赞黄香既是最真诚、最纯粹的孝子，又是最聪明、最勤奋的学子。京城人称赞他是"天下无双江夏黄童"。

江夏太守刘护听说黄香的事迹后，立即召见了他。

黄香举止彬彬有礼、落落大方，他的博学多才给刘太守留下了深刻的印象，尤其是他对孝德的解读，更使刘太守折服。刘太守对黄香既佩服又爱惜，当即署其为门下孝子，并向朝廷举荐。当朝皇帝是汉章帝。汉章帝是一个非常重视人才的皇帝，他听说黄香德才出众，欣喜不已，立即赐给黄香《淮南子》和《孟子》两套书。

起初，黄香被授为郎中。有一年，千乘王加冠，汉章帝在中山官邸会见群臣，令黄香来到殿下，对诸王说："这就是'天下无双江夏黄童'。"左右人没有不对黄香另眼相看的。后来，黄香应召到安福殿谈论政事，被授予尚书郎官职。他多次向章帝陈述政事得失，章帝对他青眼有加。

延光元年（122），黄香升迁为魏郡太守。按照当时的惯例，每当新太守上任，郡府吏员便借机大量购置器物，动辄耗资数千万。黄香对此歪风十分反感。他在到任之前就先向魏郡官府去函，申令不得购置任何器物。可是黄香到任后，却发现府库中有大量器物，他立即下令将这些器物全部处理了。按照旧俗，新官上任之日必须祭祀灶神，乞求福祉，还要大摆筵席，招待宾客。黄香对这一套也是深恶痛绝，他一不祭灶求福，二不招待宾客，来了一个"柴门紧闭"，拒绝接受任何人的拜访和祝贺。

黄香上任后，一改官场颓风，境内百姓无不对他肃然起敬。郡内原有内外园田，每年能收获谷粮几千斛。黄香说："《田令》规定'商人不务农'，《王制》规定'做官的人不耕田'，做官吃国家俸禄的人，不应和百姓争利益。"于是把这些地全都分给百姓耕种。那年，魏郡连降暴雨，渍涝成灾，农田欠收，发生了严重的饥荒。黄香心急如焚，他将自己的俸禄和多年所得的赏赐全部捐献出来，买了粮食分发给贫苦灾民。黄香的爱民义举感动了郡中的富豪大族，他们纷纷效法黄香，捐献义谷，帮助官府发放救灾粮，使受灾民众安全地度过了荒年。

马援是东汉名将，他为汉光武帝夺取天下立下了汗马功劳。东汉建立后，他又远征交趾，平定南方叛乱。他曾说过这样的话："大丈夫应该战死沙场，马革裹尸！一生碌碌无为，最终老死在自家床上的人是没出息的。"

马援的侄子马严、马敦都喜欢在背后议论别人，而且结交的都是些轻佻好侠的朋友。马援南征交趾时，曾特意写信告诫他们说："我希望你们以后再听到别人的过失，就像听到父母的名字一样，耳朵可以听，却不可以从自己的嘴里说出来。随便议论别人的长短，胡乱评论正当的礼法，这是我深恶痛绝的。你们都应该知道这种行为的坏处，现在我之所以还要提醒你们，是希望你们终生不要再犯罢了。"

他还举了两个当时的名士作为例子："龙伯高为人厚道，处事周密谨慎，口里的话没有似是而非的。他平常生活节俭，处理公事清廉公正，所以我敬爱他，希望你们学习他的为人。杜季良有侠义心肠，忧别人之忧，乐别人之乐，对各种人都能一视同仁。他为父亲办丧事时，几个郡的人都来了。虽然我也敬爱他，却不希望你们学习他。俗话说'画虎不成反类狗'，一旦你们学习杜季良不成功，就很容易成为大家讨厌的纨绔子弟。"

马援意在告诫子侄，待人接物要沉稳一些，低调一些。龙伯高是个厚重少言的人，学习这样的人准错不了。杜季良为人侠义洒脱，这样的做派如果能学到当然好，就怕学走了样，学成了浮华招摇，那就不好了。

桓麟是东汉时的文学家。他勤奋好学，很多人都知道他的名字。桓麟的伯父叫桓焉，是当时很有权势的官员，家里有不少门客。

一天，桓麟到伯父家玩。一个门客知道桓焉非常喜欢这个孩子，心想：这可是讨主人欢心的好机会，我夸桓麟几句，桓焉一高兴，说不定能给我点儿好处。于是，这个门客写了一首诗称赞桓麟的聪明，还摇头晃脑地念了起来："甘罗十二，杨乌九龄。昔有二子，今则桓生。参差等踪，异世齐名。"诗的意思是说：从前有甘罗、杨乌这样两个了不起的少年，现在又有了桓麟。他们在聪明、才学方面差不了多少，虽然不是生活在一个时代，但名声一样高。

果然不出门客所料，桓焉听了这首诗，脸上堆满了笑容，一再夸奖诗写得好。这位门客也自以为办了一件聪明事，十分得意。桓麟听了却一点儿也不高兴。

伯父问他："你觉得这首诗写得好吗？"桓麟很认真地说："我觉得不好。"

伯父听了他的回答，觉得很奇怪，收起了脸上的笑容，门客的得意神情也消失得无影无踪了。

桓麟停了片刻，一字一板地说："我和甘罗、杨乌他们比起来差得太远了。甘罗是个极聪明的孩子，他几句话就说服了连丞相都说服不了的张唐，又能作为国家的正式使臣到赵国去，说服赵王献出土地，为秦国统一天下作出了贡献。一般的孩子怎能和他相比呢？杨乌饱览群书，博学多才，这也是世人公认的。我年龄虽然和他们差不多，但是在很多方面都远远赶不上他们。您这样夸奖我，实在是太过分了，我真是无法接受啊！"

桓麟看了一眼那位门客，又接着说："不顾实际情况，有意过分抬高别人，并不是好事情。如果被夸奖的人缺乏自知之明，从此沾沾自喜，骄傲自满起来，难道还能进步吗？"那位门客听了桓麟这番话后，一句话也说不出来了。

东汉时，有个名叫乐羊子的人。他没有什么远大志向，但有一个贤慧聪明的妻子，经常勉励他上进。

乐羊子曾在路上捡到一块金子，他把金子拿回家给了妻子。妻子说："我听说有志气的人不喝'盗泉'的水，廉洁方正的人不吃讨来的食物，何况是捡拾别人的失物、谋求私利来玷污自己的品德呢！我们应该靠劳动挣钱啊！"乐羊子听后十分惭愧，连忙拿起黄金，跑回原处，等待失主前来认领。

有一位朋友劝乐羊子外出求学。乐羊子回家跟妻子商议，妻子很高兴，鼓励他前去。一年后乐羊子回到家中，妻子问他回来的缘故。乐羊子说："出行在外久了，心中想念家人，没有别的事情。"当妻子得知乐羊子并没完成学业时，非常伤心，她拿起剪刀，把织机上自己辛辛苦苦织成的绢布剪成两截。乐羊子大惊，问妻子为什么这么做。妻子说道："这些丝织品都是从蚕茧中抽出，又在织机上织成。一根丝一根丝地积累起来，才达到一寸长，一寸一寸地积累起来，才能成丈成匹。如果现在将它割断，那就无法成功织出布匹，只能白白荒废时光。你积累学问，就应当持之以恒，以此成就自己的美德。如果中途就回来了，那与切断这织了大半的绢布又有什么不同呢？"乐羊子被妻子的话感动了，毅然离家继续学业，并且连续七年没有回家。

这期间，有一次邻家所养的鸡误闯入乐羊子家园中，乐羊子的母亲偷偷抓住鸡杀了做菜吃。吃饭时，乐羊子妻对着那盘鸡流泪，不吃饭。乐羊子的母亲感到奇怪，问她原因，乐羊子妻说："我是难过家里太穷，饭桌上吃的竟然是别人家的鸡。"乐羊子的母亲听了大感惭愧，最终没有吃那只鸡。有这样一位深明大义的妻子，真是乐羊子一家人的福气啊！

任末，字叔本，蜀郡繁人，东汉著名经学家和教育家。他自幼勤奋好学，年轻时与当时学者景鸾（字汉伯，梓潼人）等去都城洛阳游学。他通晓五经，对西汉齐人辕固生所传《诗经》特别有研究，后在洛阳教授生徒十余年。

任末十四岁时，还没有跟从固定的老师学习，常不怕路途艰险，背着书箱到处求学。有时，他在树林里搭个小茅棚住下，削树枝作笔，汲树汁当墨。晚上，他就在星月的辉映下读书；遇上没有月亮的黑夜，便点燃麻秆、蒿草取光。他刻苦读书，到了中、晚年仍坚持不懈。每有心得，便写在衣服上，以免忘掉。学生们钦佩他的勤学精神，便用洗净的衣服换取他写满字的衣服。他常说："人如果不学习，怎能取得成就呢？"在临终前，他还不忘告诫学生："好学不倦的人，虽然死了也犹如活着；不学无术的人，即使活着也只是行尸走肉罢了。"

任末不仅刻苦好学，而且还以爱友尊师闻名。友人董奉德在洛阳病死，因家境贫寒无力送棺木回老家安葬，任末便用鹿车（古时一种独轮小车）载上棺木，亲自推着送回董奉德老家。后来，他的老师亡故，他又不顾路途遥远前去奔丧，竟死在奔丧途中。临死前，任末对陪他同行的侄儿任造说："你一定要把我的尸体送到老师家，如果人死后还有知觉，我为老师奔丧尽了弟子的礼节，魂灵也不感到惭愧；如果死后没有知觉，把我埋在泥土里，我也满足了。"

桓荣，字春卿，沛郡龙亢人。他少年时到长安求学，拜九江人朱普为师。后来朱普病故，桓荣得到消息后，立即到九江奔丧，安葬了朱普，并留在九江教授弟子数百人。王莽倒台后，天下大乱，桓荣与弟子抱着经书逃至深山，虽然受冻挨饿，但是讲学从未中断过。汉光武帝建武十九年（43），桓荣的弟子虎贲中郎将何汤推荐桓荣为太子讲学。光武帝召见桓荣，让他详解《尚书》，听后十分满意。于是光武帝封桓荣为议郎，并赏赐钱十万，让他给太子当老师。

光武帝还让桓荣给大臣们讲解经书，并得到了大臣们的赞扬。这时，正碰上有个博士位置空缺，光武帝打算让桓荣来当。桓荣推让说："我对经学方面的研究，比不上同门中的彭闳和皋弘。"于是，光武帝封桓荣为博士，提拔彭闳、皋弘为议郎。

光武帝乘车来到太学，组织一些博士们辩论经文，桓荣身穿儒服，温文尔雅，辩明经义，以礼相让，在坐儒者没有谁能比得过他。光武帝赏赐大家珍果，其他儒者都抱在怀里，只有桓荣双手捧着珍果拜谢，光武帝指着桓荣道："这才是真正的儒生啊！"从此，光武帝对他更加敬重，并命他住在太子宫中教授。桓荣生病时，太子每天派人询问病情，并给他送去食品、帷帐及奴仆。桓荣病好了，又继续教授了太子一段时间。后来他认为太子经学已成，便一心请辞，但太子执意挽留。

太子即位，是为汉明帝。汉明帝仍以师礼对待桓荣，并让他的两个儿子做了郎官。桓荣病故后，明帝为他身穿孝服，临丧送葬。

当初，因为社会动乱，桓荣与同族人桓元卿同处于饥饿困顿之中。在这种情况下，桓荣仍手不释卷，桓元卿便嘲笑他说："你只是白费力气罢了，什么时候能用上这些书上的东西啊！"桓荣笑着没有回答他。后来桓荣做了太常，桓元卿遗憾地叹道："我目光短浅，哪里想得到读书竟然能获得这样的好处啊！"

　　孙敬是汉朝信都人。他年少好学，博闻强记，而且嗜书如命，常常通宵达旦地学习。邻里们都称他为"闭户先生"。孙敬读书时，习惯于随时记笔记，常常一直看到后半夜，时间长了，有时不免打起瞌睡来。一觉醒来，又懊悔不已。有一天，他抬头苦思的时候，目光停留在房梁上，顿时眼睛一亮。随即找来一根绳子，绳子的一头拴在房梁上，另一头跟自己的头发拴在一起。这样，每当他想打瞌睡时，只要头一低，绳子就会猛地拽一下他的头发，这种疼痛能够赶走睡意。从这以后，他每晚如此。年复一年的刻苦学习，使孙敬成为一名通晓古今的大学问家，在当时江淮以北颇有名气，常有学子不远千里负笈担书来向他求学。

　　战国时期的苏秦是一位有名的政治家。他年轻时，由于学问不深，到了好多地方都不受重视。回家后，家人对他很冷淡。这对他刺激很大。所以，他决心要发奋读书。他常常读书到深夜，一打瞌睡，就用事先准备好的锥子往大腿上刺一下，利用猛然间的疼痛振作精神，继续读书。后来，他成功地说服六国达成合纵联盟，同时身佩六国相印。

管宁，字幼安，汉末北海郡朱虚县人。他是春秋时期齐国名相管仲的后代，与华歆、邴原并称为"一龙"。

有一天，管宁和华歆一同在菜园里刨地种菜，看见地上有一小片金子，管宁不理会，举锄锄去，跟锄掉瓦块石头一样，华歆却把金子捡起来再扔出去。还有一次，两人同坐在一张坐席上读书，有达官贵人坐车从门口经过，管宁照旧读书，华歆却放下书本跑出去看。管宁就割开席子，分开座位，说道："你不是我的朋友。"

管宁的妻子死后，知心故友劝他再娶，管宁说："每次读到曾子、王骏的话，我心里常常表示赞许，哪里能自己遇到了这种事就违背本心呢？"

公元 223 年，魏文帝曹丕诏令公卿大臣举荐独行特立的隐士，司徒华歆举荐了管宁。曹丕下诏任命管宁为太中大夫，管宁坚决推辞没有接受。

从魏文帝黄初年间到魏明帝青龙年间，征召管宁的命令接连不断。明帝曾下诏书询问青州刺史程喜说："管宁究竟是守节自高呢，还是老病萎顿呢？"程喜上报道："管宁有一个族人叫管贡，现为州吏，与管宁是邻居，臣常常让他探听消息。臣下揣测管宁一直辞不就官，只是认为自己长期过着隐居的生活，年纪老迈，智力衰退，所以每次都谦逊辞让。他不是故意矫情以显示自己的高尚。"

　　正始二年（241），当时的皇帝曹芳下诏以"安车蒲轮，束帛加璧"之礼聘请管宁。管宁却在此时去世，享年八十四岁。

陈寔与梁上君子

陈寔是东汉名臣，为人仁厚慈爱。百姓起争执时，陈寔判决公正，百姓回去后没有埋怨的。大家感叹说："宁愿被刑罚处治，也不愿被陈寔批评。"

那一年闹饥荒，有一个小偷晚上进入陈寔的屋子，躲藏在梁上。陈寔看到了他，于是起身整理衣服，召集儿孙，神情严肃地教育他们说："人不能不自勉，做坏事的人本性未必是坏的，只是沾染了坏习惯，慢慢变成了这样。"小偷很吃惊，又深受感动，自己跳下地来磕头认罪。陈寔慢慢地开导他说："看你的相貌，不像是坏人，应该反省自己，不要再做坏事。"陈寔知道他偷盗也是贫穷所致，于是让家人给了他二匹绢。从此整个县中再也没有小偷了。

王烈，字彦方，平原人。他年轻时跟随颍川人陈寔学习，因为品德高尚，称著乡里。

那时，乡中有一个偷牛的人，被牛的主人抓住。偷牛贼说："我一时糊涂，见牛而生邪念，从今以后一定痛改前非。不管什么惩罚我都接受，只希望不要让王烈知道这件事情。"有人将此事告诉了王烈，王烈派人送了半匹布给偷牛人。有人问王烈："这人做了偷盗之事，您反而赠送他布，这是为什么呢？"王烈回答说："那个偷牛者害怕我知道他偷牛的事，说明他是有耻恶之心

的。既然他怀有耻恶之心，就必然能够改正错误。我送他布，是为了促使他改过，劝勉他向善。"

后来，有一位老者将佩剑掉在了路上。一个过路的人发现了佩剑，便守在路边等待失主。到了晚上，老者回来找剑。他拿回了佩剑，十分感激那位守剑的路人，并询问了对方的姓名。后来，老人把这事告诉了王烈，王烈派人去查访那位路人的身份，原来就是当年那位偷牛的人。王烈于是特地派人宣传那人的事迹，并把他树为榜样。

　　邴原是三国时魏人。他从小就失去了父亲，有一天，他经过学堂，听到清脆响亮的读书声，忍不住哭了起来。老师问："小孩子，你因为什么哭啊？"他说："凡是能入学堂学习的人，都有父母。我一是羡慕他们不是孤儿，二是羡慕他们能够学习，心中十分悲伤，所以才哭泣。"老师听了他的话，心生怜悯，说道："你可以进学堂学习。"邴原说："可是我没钱交束脩。"老师说："如果你有求学之志，我可以教你，不需要你交学费。"

　　于是邴原开始进学堂学习，只学了一个冬天，便能诵《孝经》和《论语》了。

　　邴原长大后，开始四处游学。他很喜欢喝酒，但想到喝酒会荒废学业，就毅然下定决心戒酒。邴原在外游学八九年，他常常通宵达旦地和名师、挚友谈诗论道。每逢有人劝酒，邴原都是只望一眼酒杯，然后含笑摇手，表示自己不会饮酒。学成回乡后，邴原广收门徒，为了尽心教学，他仍是酒不沾唇。在邴原的耐心教诲下，门徒中有几十人成为当时有名的学者。

贾逵隔篱偷学

贾逵，字景伯，扶风平陵人，东汉著名经学家。贾逵从小就聪颖过人。他父亲早逝，母亲既要操持家务，又要通过为别人缝补浆洗来维持一家人的生活，没有时间照料他。他的姐姐是韩瑶的妻子，出嫁以后没有孩子，便被休回到了娘家。姐姐聪慧过人，经常给贾逵讲古人勤奋好学的故事。那时贾逵才四岁，他总是安安静静、津津有味地听姐姐讲故事，听完一个故事，又缠着姐姐再讲一个。可是，姐姐没有那么多的故事讲给他听。

有一天，姐姐正带着贾逵玩耍，忽然听到对面学堂里传来琅琅的读书声。姐姐灵机一动，带着贾逵悄悄来到学堂旁边，听老先生讲课，听学生吟读。学堂外边有道篱笆墙，贾逵个子小，姐姐就抱着他，站在篱笆墙外听。以后，每到上课时间，姐姐就抱着贾逵站在篱笆墙外，悄悄地听老先生讲课。慢慢地，贾逵长大了，姐姐抱不动他了，他就拿着板凳站在上面听，不管刮风下雨，从不间断。

贾逵十岁时，就能背诵"六经"了。他剥下院中桑树的皮当纸来写字，或者把字写在门扇上、屏风上，这样一边念一边记，一年的工夫，经书的文字便全部通晓了。

后来许多学生不远万里来向他求教，有的甚至背着孩子住到他家附近，贾逵就一一亲自教授他们经书。每个学生给他一些粮食作为学费，积累起来装满了粮仓。有人说："贾逵的粮食不是靠自己种地得到的，而是靠讲经得到的。这就是世人说的'以舌代耕'啊。"

诸葛亮诫子

　　诸葛亮是蜀汉的丞相，一向以神机妙算闻名于世。他十分重视对子女的教育。建兴十二年（234），他写信给哥哥诸葛瑾，提到自己的儿子诸葛瞻："瞻今已八岁，聪慧可爱，嫌其早成，恐不为正器耳。"担心儿子聪明过早外露，容易自满自足，反而成不了大器。所以他给诸葛瞻起字"思远"。

　　他还给儿子留下了一封书信——《诫子书》，劝勉儿子勤学立志。这封书信后来成了我国古代修身立志的名篇。

　　他在信中教育儿子，要以"静"来提高自身的修养，以"俭"来培养自己的品德。不恬静寡欲就无法明确志向，不排除外来干扰就无法达到远大目标。学习必须静心专一，而才干来自学习。所以不学习就无法增长才干，没有志向就无法使学习有所成就。

　　他在给外甥的信中进一步指出：要坚持自己的远大志向，不要考虑一时的得失，不要贪图生活上的享受。如果过于追求物质上的享受，就会丧失信心，成为一个平庸的人。

吕蒙，字子明，汝南富陂人。他是三国时期东吴政权的名将，年轻时就果敢且有勇力，只是读书不多。

孙权接掌江东大权后，吕蒙成为他手下的得力干将。一日，孙权对吕蒙、蒋钦说："你俩现在掌管军中事务，应当多学习。"吕蒙说："我在军中经常苦于军务繁忙，恐怕没有时间读书。"孙权说："我又不是让你穷究经书成为博士，只是想让你多涉猎一些历史典故。你说军务繁忙，再忙能比我更忙吗？我小时候读《诗》《书》《礼记》《左传》《国语》，只是不读《易》。统帅江东以后又读了三史（即《史记》《汉书》《东观汉记》）以及各家的兵书，自己觉得大有进益。你们俩脑筋好用，学了肯定有收获，为什么不去做呢？应该赶快把《孙子》《六韬》《左传》《国语》及三史学习了。当年光武帝统帅兵马的时候还手不释卷，曹操也自称是老而好学，你们难道不应该勤奋学习吗？"

于是吕蒙开始学习。他十分努力，看过的书越来越多，有些书连老儒生也没读过。后来，鲁肃来找吕蒙议

事，十分惊讶地说："我以前以为老弟是一介武夫，只有勇力，现在你学识也如此渊博，已经不是当年的吴下阿蒙了。"吕蒙说："士别三日，当刮目相看！"

辛宪英是魏晋时期著名才女。她是辛毗之女、羊耽之妻、辛敞之姐。她聪明而有才干，善于鉴人知事。

曹丕被曹操立为太子后，心中非常激动。他回到府中，官居侍中的辛毗前来祝贺。两人一见面，曹丕就抱住辛毗，亲热地说："你知道我今天有多高兴吗？"辛毗回府后，把在曹丕府中发生的事对女儿说了。辛宪英一听，不由感叹道："太子是代替君王治理国家的人。取代君王登基就位，不可不感伤悲戚；治理国家临朝听政，不可没有危机感。现在，曹丕刚被立为太子，本来应是感伤忧惧之时，他却如此喜悦忘形，这可不是好兆头。是不是预示着魏国将来不会昌盛？"

三十多年后，魏国的大权果然落到了司马昭父子手中，最终成为一个短命的王朝。

正始十年（249），太傅司马懿发动高平陵之变，欲诛除大将军曹爽。当时曹爽已离开了洛阳，司马懿下令紧闭洛阳城门。大将军司马鲁芝带领曹爽的家兵斩关夺门逃走，当时辛宪英的弟弟辛敞为大将军曹爽担任参军，留在洛阳城中，鲁芝便召辛敞同去与曹爽会合。辛敌畏惧于形势，不知所措，便向辛宪英请教。

辛宪英说："天下事情不能预知，但以我的判断，太傅（指司马懿）是被逼发动政变的！明皇帝（指曹丕）驾崩之前，曾把着太傅的手臂嘱咐后事，朝中人士对其遗言记忆犹新。曹爽与太傅同受明皇帝顾命，但曹爽独专权势，以骄奢的态度行事，对王室可说是不忠，于人伦道理亦可谓不直。太傅此举只不过是要诛除曹爽而已。"辛敞追问："那此事可成么？"辛宪英回答："怎会不成功？曹爽不是太傅的对手。"辛敞便说："那么我不应该出城吗？"辛宪英说："怎可以不去？忠于职守是每个人的本分。我们知道别人有难，尚且会体察怜恤；如今你为人做事，更不可以弃下自身责任。至于为他人而死，这是作为亲信的职分。你不是曹爽的亲信，只要跟着大家，尽到自己的责任就好。"辛敞听过姐姐的分析后，便随鲁芝出关离城了。后来司马懿果然成功诛除了曹爽，也放过了辛敞。辛敞感触说："如果不是与姐姐商量，我几乎要做出不义之举。"

景元三年（262），钟会担任镇西将军。辛宪英询问侄儿羊祜："钟会因何出兵向西？"羊祜回答："是为了要灭蜀啊。"辛宪英说："钟会处事恣意放肆，这不是长久为人下属的态度，我担心他会有异志啊。"羊祜不敢多议，便劝辛宪英："叔母请勿说太多了。"后来，钟会征羊耽与辛宪英之子羊琇担任参军，辛宪英担心地说："那时候我见钟会出兵，虽然忧虑，但也只是为国而忧。今日祸难将要牵涉到我的家族了。"在辛宪英的影响下，羊琇向司马昭极力请辞，可是司马昭不愿接纳。

辛宪英无奈之下只好对羊琇说："你去吧，一定要谨慎！古时的君子，在家则向父母尽孝，出外则为国家尽忠，在职位上要慎思你的责任，面对义理时则要慎思你的立场，不要让父母为你感到忧虑。军旅之间，能够帮助你的只有仁恕的态度而已！"钟会到了蜀地果然反叛了，羊琇谨记辛宪英的教诲，最终保全了自身。

晋朝人车胤是南平人。太守王胡之善于识才，见到孩童时期的车胤，对他的父亲说："这个孩子将来必有出息，应该让他读书深造。"但因家境贫困，父亲没有多余的钱买灯油供他晚上读书。为此，他只能利用白天时间背诵诗文。

夏天的一个晚上，车胤正在院子里背一篇文章，忽然见许多萤火虫在低空中飞舞。一闪一闪的光点，在黑暗中显得有些耀眼。他想，如果把许多萤火虫集中在一起，不就成为一盏灯了吗？于是，他找来一只白绢口袋，抓了几十只萤火虫放在里面，再扎住袋口，把它吊起来。虽然不怎么明亮，但可勉强用来看书了。从此，只要有萤火虫，他就抓一袋来当作灯用。车胤如此勤奋攻读，终于成了一个很有学问的人，官拜吏部尚书。

晋朝人孙康从小喜欢读书，但家境贫穷，为了维持生计，全家人白天都得干活。孙康年纪虽小，但是也不能例外。白天没有多少时间读书，晚上家里没有灯，所以也不能读书。孙康曾经问父亲："为什么别人家里有油灯，而我们没有呢？"父亲回答说："油灯很贵，咱们如果买油灯，全家都要饿肚子。"小孙康很懂事，从此就不再提此事了。

孙康读的书都是借的，到时间一定要还，常常因为没有时间看书而发愁。

他曾经尝试在月光下读书，但是光线太暗，眼睛疲劳。有一年冬天下大雪，某天晚上，月光皎洁，他忽然发现书上的字在雪地里能够看得很清楚。孙康非常高兴，忙坐到雪地里看书，坐累了就躺在雪地里，就着雪地反射的光线读书。此后，每遇到晚上下雪，孙康便不顾严寒，躺在雪地里读书。他如此勤勉，最终学有所成，官拜御史大夫。

　　王羲之是晋朝人，字逸少，七岁时就擅长书法。他早年的书法老师叫卫铄，是很有名气的女书法家，人们称她卫夫人。卫夫人很喜欢聪明伶俐的王羲之，不但尽心教他写字，还爱用前人练字的故事教育、鼓励他。有一次，王羲之问卫夫人："老师，我怎样才能尽快把字练好呢？"

　　卫夫人看到王羲之着急的样子，笑着说："孩子，不要太急了，我先给你讲个墨池的故事吧！那是在东汉的时候，有一个名叫张芝的人，他为了练好字，天天在自家门前的池塘边，蘸着池水研墨练字。从太阳出来，一直练到太阳落山，字写完后，就在池塘里洗涮笔砚，日长月久，洗出的墨汁把整个池塘都染黑了。后来，他的字越练越好，写的草书笔势活泼流畅，富于变化，大家都敬称他为'草圣'。"

　　王羲之听着卫夫人讲述张芝的故事，心里想：张芝为了练好字，洗笔砚的水竟把池塘都染黑了，他下的工夫多么深啊！要是我也像张芝那样刻苦，一定能把字练好。

从此以后，在卫夫人的辅导下，王羲之练字更加努力了。他也像张芝一样，每天练完字，就到自家门前的池塘里洗笔砚。时间一长，原来清澈如镜的池塘竟也变成了墨池。

王羲之十二岁时，看见父亲枕下有一本前代的《笔论》，便偷偷拿来读。父亲说："你为什么要偷看我秘藏的书？"王羲之笑着不回答。父亲说："你是在看运笔法吧！"父亲看他年龄小，担心他不能保守秘密，便告诉王羲之说："等你长大成人，我再把它教给你。"王羲之请求说："现在就把书给我吧，倘若等到我成人再看，就耽搁了孩儿幼年时学习的好时光了。"父亲很高兴，立刻把书送给了他。不到一个月的时间，王羲之的书法就有了很大进步。

有一次，皇帝要到北郊去祭祀，让王羲之把祝辞写在一块木板上，再派人雕刻。雕刻的人把木板削去了一层又一层，发现王羲之写的字，墨迹竟然渗入木头三分多。他赞叹地说："右将军（王羲之当时的官职）的字，真是入木三分呀！"

后来王羲之成为我国著名书法家，有"书圣"之称。代表作《兰亭序》被誉为"天下第一行书"。在书法史上，他与儿子王献之合称"二王"。

　　祖逖，字士稚，范阳遒县人。他是个胸怀坦荡、具有远大抱负的人，后来成为东晋名将。可他小时候却是个不爱读书的淘气孩子。进入青年时代，他意识到自己知识的贫乏，深感不读书无以报效国家，于是就发奋读起书来。他广泛阅读书籍，认真学习历史，从中汲取了丰富的知识，学问大有长进。他曾几次进出京都洛阳，接触过他的人都说，祖逖是个能辅佐帝王治理国家的人才。祖逖24岁的时候，曾有人推荐他去做官，他没有答应，仍然不懈地努力读书。

　　后来，祖逖与刘琨一同担任司州主簿，两人志同道合，意气相投，都希望为国家出力，干出一番事业。他们白天一起在衙门里供职，晚上合盖一床被子睡觉。当时，西晋皇族内部互相倾轧，争权夺利，各少数民族首领乘机起兵作乱，国家安全受到严重威胁。祖逖和刘琨对此都十分焦虑。一天半夜，祖逖被远处传来的鸡叫声惊醒，便把刘琨踢醒，问："你听到鸡叫声了吗？"刘琨侧耳细听了一会，说："是啊，是鸡在啼叫。不过，半夜的鸡叫声是恶声啊！"祖逖一边起身，一边反对说：

　　"这不是恶声，而是催促我们起床锻炼的声音。"刘琨跟着穿衣起床。两人来到院子里，拔出剑对舞，直到曙光初露。此后，他们每天都在鸡叫后起床练剑，剑光飞舞，剑声铿锵，寒来暑往，从不间断。

　　功夫不负有心人，经过长期的刻苦学习和训练，他们终于成为能文能武的全才。祖逖被封为镇西将军，实现了他报效国家的愿望；刘琨做了征北中郎将，兼管并、冀、幽三州军事，也充分发挥了他的文才武略。

不为五斗米折腰

东晋义熙元年（405）秋，陶渊明为了养家糊口，来到离家乡不远的彭泽当县令。他身在彭泽，心里却怀念着以前的田园生活，厌恶官场中的人事交往。

这年冬天，陶渊明刚到任八十一天，浔阳郡派遣督邮来检查公务。浔阳郡的督邮刘云素以凶狠贪婪闻名远近，每年两次以巡视为名向辖县索要贿赂，每次都是满载而归，否则便栽赃陷害。刘云一到彭泽的旅舍，就差县吏去叫县令来见他。县吏不敢怠慢，赶紧来找陶渊明。陶渊明正在饮酒赏菊，他平时蔑视功名富贵，不肯趋炎附势，听到县吏禀报，心里很不爽快。对这种假借公务名义颐指气使的人，陶渊明很是瞧不起，但也不得不去见一见。于是他穿上衣服，转身往外走。

不料县吏拦住陶渊明说："大人，参见督邮要穿官服，并且束上大带，不然有失体统，督邮乘机大做文章，会对大人不利的！"陶渊明听到这话，长叹一声道："我怎么能为区区五斗米的俸禄，就低声下气去向这些小人贿赂献殷勤！"

说罢，他索性取出官印封好，并且马上写了一封辞职信，随即离开了只当了八十多天县令的彭泽。一路上，陶渊明乘着江风，吟咏着刚写成的《归去来兮辞》，觉得自己像逃出笼中的飞鸟，又回到了大自然的怀抱。

瓜田李下

　　袁聿修是南北朝时期北齐临漳人。他少年老成，性格沉静，很有见识。历任太子中舍人、博陵太守等职，政绩突出，很有声望。他之所以官声极佳，是因为为官清白自守，从不收任何贿赂。

　　据说他在当尚书的十多年里，从未曾接受过任何人家的一升酒喝。因此，不少文人联名为他立碑表彰，并送他一个雅号——"清郎"。当然，"清郎"也有为难的时候。

　　有一次，袁聿修到外地考察地方官员的政绩，途经兖州。兖州刺史正是他的老朋友邢邵。二人叙述别情以后，邢邵拿出一匹白绸，想送给袁聿修作为纪念。

　　这就叫袁聿修为难了。不收，怕得罪老朋友；收，又难免有受贿的嫌疑。反复思索之后，袁聿修还是谢绝了，并留信给邢邵："我这次路过这里，与往常不同！俗话说：'瓜田不纳履，李下不整冠。'在瓜田李下，古人是很谨慎的。走在瓜地里不弯腰提鞋子，走在李树下不伸手整帽子，只有这样，才能躲避偷摘瓜、李的嫌疑。你的心意我领了，但白绸不能收，不能留下不好的话柄。"邢邵很理解袁聿修的心思，就没有再勉强他。

魏元孚九分清醒一分醉

东晋时的晋简文帝很喜欢和手下大臣开玩笑。有一个大臣叫魏元孚，他个子矮，脸盘短，还秃顶，其貌不扬。晋简文帝就问一个近臣："魏元孚长得这么难看，怎么能在朝廷里做官呢？他凭什么做的官？"近臣回答："魏元孚是先帝看中的。听说有一年春天出去打猎，先帝射死了一只鹿，非常高兴，顺口说了几句诗。先帝不知道诗的出处，问身边的人，结果没一个人知道，这让先帝很扫兴。就在这时，当时还是一个卫官的魏元孚站出来说出了诗的出处，得到了先帝奖赏。后来先帝又提拔魏元孚当了近卫侍郎，他就一直在朝廷里做官。"晋简文帝说："就是说魏元孚很聪明了？"近臣点头。晋简文帝又说："魏元孚应该有点本事，不然他也混不到现在。你知道魏元孚这个人的缺点是什么吗？"近臣想了想说："魏元孚最大的缺点是喜欢喝酒，特别贪杯。"晋简文帝点头道："我知道了。"

晋简文帝叫人准备了酒席，请大臣们喝酒，其中也有魏元孚。他还让太监准备了十几个酒坛子，都是又矮又粗的那一种，并在每个酒坛子上放了顶帽子，看上去就像魏元孚的脸，叫人看了忍俊不禁。晋简文帝叫人把这些酒坛子搁到长条案子上，摆放在大殿中。

　　许多大臣都给魏元孚敬酒，想把他灌醉。魏元孚是个很精明的人，虽然他不知道晋简文帝葫芦里卖的什么药，但感觉苗头不对。于是他当面把酒喝下去，过一会儿假装上厕所，又将酒全都吐了出来，回到酒席上再喝，如此几次，他便假装喝醉了。喝完酒，魏元孚被宣上殿。他一上殿来，大臣们哄堂大笑，因为长条案子上放的那些酒坛子实在太像魏元孚了。晋简文帝也被逗得前仰后合。魏元孚却是一脸严肃，半点笑容也没有，他越是这样，大家越觉得可笑。魏元孚走到长条案子前，停住了脚步，看着那些酒坛子，大声说："哎呀，这不都是我的兄弟吗？你们真是大胆无礼，怎敢跑到大殿上排队站着，赶快跟我回家！"一边说一边把酒坛子搬走了。魏元孚的举动把晋简文帝逗得合不上嘴，觉得他的确是个人才，把事情处理得滴水不漏。将这些酒坛子拿回家后，魏元孚叫家仆四处放风，说皇帝赏赐他十几坛子美酒，他愿意把美酒换钱接济穷苦百姓，还说这都是皇帝的功德。这事很快传进了晋简文帝的耳朵里，晋简文帝拍案叫绝："魏元孚实在是太聪明了，人真不可以貌相啊！"

　　从此以后，魏元孚成为晋简文帝最器重的大臣之一，帮助晋简文帝做了许多利国利民的好事，受到老百姓的赞扬。晋简文帝器重魏元孚的主要原因是他"饮酒而不乱性，甚有分寸，九分清醒一分醉"。

顾欢痴心求学

顾欢，字景怡，南北朝时吴郡盐官人。

顾欢家境贫困，世代务农。他父亲是个老实厚道的农民，看到孩子喜欢读书，便一心一意支持顾欢学习。可是像他们这样的家庭哪里请得起先生来教书呢？就是到学馆去学习，学费也出不起呀！

村东头有所学馆，学馆里的读书声时时刻刻吸引着顾欢。一有空，他就来到学馆附近的大柳树底下，远远地瞅着学馆里的孩子们听先生讲课，真是羡慕极了。他常常在大柳树下一站就是半天。

一天，他想听听先生到底讲了些什么，便悄悄地来到后窗下偷听。只听先生讲："孔夫子说：'学而不思则罔，思而不学则殆。'这句话的意思是说，我们求学，如果只是专门诵习课文，不把事理用心思索，就会迷惑而无所得；相反，如果只是认真思考而不用心学习书本知识，就会脑子里装满了问题而得不到解决。因此，我们既要学习书本知识，又要认真思考问题。"顾欢想：老师讲得多明白呀！自己也看过《论语》，可从来没有理解得这样清楚。

从此，顾欢迷上了学馆。他没钱进学馆学习，就在学馆的后窗下偷听先生讲课，一边听一边默记，回去就把先生讲的课文默写下来。他的记忆力特别好，过耳不忘。天长日久，顾欢把《诗经》《礼记》《论语》《孟子》等课文全默写了下来，并且反复研读。就这样，当学馆里的学生完成学业时，顾欢也完成了学业。

　　顾欢不但学到了很多知识，而且文章也写得很好，同时还学会了写诗。这时顾欢年仅十八岁。他学习劲头很高。白天在地头干活，休息时便马上拿出书看。每晚回到家里，家人都睡觉了，他仍然刻苦攻读，勤学不懈。家里无钱买油点灯，他就想办法"燃糠自照"。

　　秋收的季节到了，父亲让顾欢去田里看庄稼，不让鸟雀糟蹋粮食。在田里，他听到黄雀的叫声是那样清脆婉转。抬头仔细看，只见黄雀们有的在树枝上跳来跳去，有的在天上自由自在地飞翔。他看得入了迷，即兴作了一篇《黄雀赋》。这时，成群的黄雀正尽情地啄食地里的麦子，他一点儿也没有觉察到。等他想起看庄稼的任务时，麦田里的麦子已有不少只剩下了麦秆。他颓丧地回到家里，把事情的经过对父亲说了。父亲气得拿起烧火棍要揍他，然而当他看了顾欢写的《黄雀赋》之后，又转怒为喜。

　　后来，顾欢的父母相继去世。生活更艰苦了，然而顾欢读书愈加勤奋。他的学问越来越渊博，渐渐远近闻名。再之后，他在天台山设学馆教学，闻名来求学的人很多。

　　顾欢当了先生之后，每当他打开书本准备给学生们讲课，便会想起自己童年时代在学馆窗外偷听先生讲课的情形，也就想起了那位到现在也叫不出名字的先生。那位先生沉稳铿锵的声音，似乎还在他耳畔回荡。于是他沉浸在书本里，也像那位先生一样语调铿锵地给学生们讲课。但每当讲到《诗经》中的《蓼莪》篇时，他就想起早亡的父母，想起自己孤独的少年时代。讲着，讲着，便哽咽着讲不下去了。从此，学生们都不让他讲《蓼莪》一章，免得他伤心。

徐伯珍是南朝刘宋时的著名学者。

他很小的时候父亲就去世了，但他人小志大，学习十分刻苦。家里穷，买不起纸笔。北山有很大一片竹林，徐伯珍就把竹叶采下来，然后回到家里在竹叶上练习写字。竹叶用完了，就用筷子在地面上比划着练习写字。

他的叔父徐璠之与当时著名的学者颜延之交情很深，颜延之当时正在祛蒙山设馆讲学。叔父看徐伯珍学习这样刻苦，有心培养他成才，就把徐伯珍送到了颜延之那里学习。徐伯珍刻苦攻读，成为颜延之的高足弟子，十年之后完成学业时，他已经是一名博通经史的学者了。从此他开始执教讲学，一生中教过上千名学生，深受学生爱戴。

田真叹荆

隋朝时，有一户姓田的人家，同胞兄弟三人，分别名叫田真、田庆、田广。三兄弟商量着要分家，便把家里所有的财物都平均分作了三份。但是他们家门前有一棵紫荆树，长势茂盛，花开正好。既然一切都要平均分配，那么这棵树当然也只好一分为三了。哪晓得，当这兄弟三人刚刚议定分树时，这棵紫荆树就枯萎了。田真见了，大受触动，他叹了口气说："树本同株，听到要一分为三，便即刻枯萎。这么看来，我们兄弟三人是人不如树呀！"他越想越难过，连连顿足。兄弟三人都觉得先前分家的决定真是不恰当，便又商量着不再分家分财产。也是奇怪，门前的这株紫荆树很快就恢复过来，重新变得枝繁叶茂，花果累累了。

李勣煮粥侍姊

　　李勣，原名徐世勣，后来被李渊赐姓为李，又因为避讳李世民，遂改叫李勣。李勣先后辅佐过唐高祖、唐太宗、唐高宗，得到了三朝皇帝的信任。

　　李勣是一个重情重义的人。有一次，他的姐姐病重卧床。当时，李勣已经贵为宰相，但他仍然坚持为姐姐烧火煮粥。大风吹过，炭火烧到了他的胡须，李勣姐姐于是劝他说："你是一个宰相，手下的仆人那么多，让他们做就行了，你何必自讨苦吃呢？"李勣回答说："哪里是因为缺人啊！只不过姐姐现在年纪大了，我也老了，即使想长久地为姐姐烧火煮粥，也不可能实现了。"

开闽第一进士薛令之

薛令之，字君珍，号明月先生，长溪西乡石矶津人，生于唐永淳二年（683）八月十五日。福建（时称建安郡）首位进士，官至太子侍讲。

薛令之出生于世代官宦之家。他的六世祖薛贺是梁朝天监年间光禄大夫。他的高祖薛许曾经担任隋朝户曹司理，父亲薛法超也因为文章出众而为世人所看重。虽然到薛令之时，薛家家道已经中落，但小薛令之仍然是在文化氛围浓郁的家庭环境中长大的。薛令之自幼聪敏好学，青少年时，曾在灵谷草堂苦读十载。

灵谷草堂坐落在山间，这里空气清新，绿影环抱，鸟儿清脆的叫声回荡在山谷中。在草堂附近有一条清清小溪，水声潺潺，宛若世外桃源。灵谷草堂只是个简陋的茅草屋，薛令之曾在草堂内日夜苦读。在当时，福建的经济文化尚不发达，"学而优则仕"并没有成为人们普遍的认知。村民们见他家贫，还整日"痴迷读书"，简直是"不务正业"，所以都笑话他。

有一天，一个农夫上山垦种，看到正在读书的薛令之，再次笑话了他。背负着村民异样的目光，薛令之写下了《灵岩诗》，抒发自己的大志。在诗中，薛令之道出了"家贫耽学人争笑"的无奈心情，并直抒自己远大的抱负："君不见苏秦与韩信，独步谁知是英俊？一朝得遇圣明君，腰间各佩黄金印。"此时，北方传来了武则天首创殿试，亲令增加科举人数的消息，他备受鼓舞。

唐中宗神龙二年（706），二十三岁的薛令之踏上了科举的征程。年底发榜，薛令之高中，成为"开闽第一进士"。这是自隋大业二年（606）开科取士以来，福建人第一次获此殊荣。

薛令之进士及第后，被任命为右庶子。

开元初，李隆基即位后从谏如流，薛令之颇得重用，被提升为左补阙。左补阙属于谏官，可以规谏皇帝，还有弹劾百官的权力。他庆幸自己遇到了明君，可以一展少年时立下的志愿。

薛令之的诗写得很好，有一日，唐玄宗命其作一首吟"屈轶草"的诗，似乎有意在朝臣中倡导一种敢于谏诤的氛围。相传"屈轶草"是一种能指出奸佞的草，又名"指佞草"，其实就是谏官的象征。薛令之便以"屈轶草"的特性为诗眼，直抒胸臆，歌颂了谏臣忠诚、正直的品格。特别是诗中"纶言为草芥，臣为国家珍"一句在后世广为传颂。这句话的意思是：皇帝的声音被视为草芥，臣子才是国家的珍宝。

后来，薛令之官至太子侍讲。但由于宦途风波险恶，薛令之又辞官归隐乡里。为官清廉的薛令之回乡后一贫如洗，生活十分窘困。唐玄宗听说后，便下诏让长溪县资助他。薛令之从来都是酌量领取钱物，从来不多拿。

相传，薛令之去世时，家徒四壁，什么财产都没有留下。唐肃宗感念恩师的清廉，特敕封薛令之所居的村为"廉村"、溪为"廉溪"、岭为"廉岭"，以表彰他的一生清廉。从此，一代廉臣薛令之的声名便代代相传。

怀素芭蕉练字

怀素是我国唐代书法家，他的草书被称为"狂草"，用笔圆劲有力，使转如环，奔放流畅，一气呵成，对后世影响极为深远。怀素虽然是个僧人，但不拘于寺院的清规。他十分喜欢饮酒，酒醉兴发，就在墙壁上、衣服上、器具上书写。他说："饮酒以养性，草书以畅志。"因此，人们都称他为"醉僧"。

怀素自幼聪明好学。因为买不起纸张，他就找来一块木板，涂上白漆书写。后来，怀素觉得漆板光滑，不易着墨，就在寺院附近的一块荒地上种植了一万多株芭蕉树。芭蕉长大后，他摘下芭蕉叶铺在桌上，临帖挥

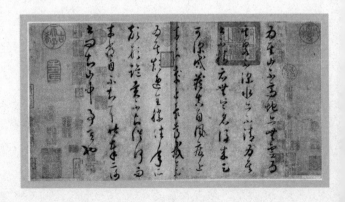

毫。由于怀素没日没夜地练字，老芭蕉叶剥光了，小叶又舍不得摘，于是他干脆带了笔墨站在芭蕉树前，对着鲜叶书写。不管风吹还是日晒，怀素始终坚持不懈地练字。他写完一处，再写另一处，从未间断。

经过长年累月、持之以恒的练习，怀素最终成了我国历史上杰出的书法家。

韩愈名、字的来历

古人有名有字。婴儿出生三个月时由父母命名，供长辈呼唤。男子二十岁举行加冠礼时取字。一般自称称名，称别人要称字。

韩文公名愈，字退之。说起这名和字，倒有一段佳话。韩愈父母早亡，从小就由哥嫂抚养。转眼到了入学的年龄，嫂嫂郑氏一心想给弟弟起个学名。这天，郑氏翻开字书，左挑一个字嫌不好，右拣一个字嫌太俗，挑来拣去，过了半个时辰，还没有给弟弟选定一个合意的学名。韩愈站在一旁观看，见嫂嫂为他起名犯难，便问："嫂嫂，您要给我起个什么名呢？"郑氏道："你大哥名会，二哥名介，会、介都是人字作头，象征他们要做人群之首。会乃聚集，介乃耿直，其含义都很不错。三弟的学名，也应该找个人字作头、含义更要讲究的才好。"韩愈听后，立即说道："嫂嫂，您不必再翻书了，这人字作头的'愈'字最佳了，我就叫韩愈好了。"郑氏一听，忙将书合上，问弟弟道："'愈'字有何佳意？"韩愈说道："愈，超越也。我长大以后，一定要做一番大事，前超古人，后无来者，绝不当平庸之辈。"嫂嫂听后，拍手叫绝："好！好！你真会起名，好一个'愈'字！"

韩愈怎么会给自己起出这样一个又美又雅的名呢？原来他自幼聪慧，饱读经书，从三岁起就开始识文，每日可记数千言，不到七岁，就读完了诸子之书。这种超凡的天赋和文化素养，使他早早就抱定了远大志向，这个"愈"字，正是他少年胸怀的表露。

他长到十九岁时，已经是一位才华横溢的勃勃少年。这年恰逢皇科开选，郑氏为他打点行装，送他进京应试。到京城后，他自恃才高，以为入场便可得中，从未把同伴放在眼里。结果别人考中了，他却名落孙山。后来，他在京中一连住了几年，连续考了四次，最后才算中了第十三名。之后，又一连经过三次吏部铨选（唐代制度，科举及第后还要经过吏部考试才可获得官职），也没得到一官半职。

由于银钱早已花尽，他从京都移居洛阳，去找友人求助。在洛阳，经友人穿针引线，他与才貌双全的卢氏小姐订了婚。卢小姐的父亲是河南府法曹参军，甚有尊望，韩愈就住在他家，准备择定吉日与卢小姐完婚。

卢小姐天性活泼，为人坦率，一方面敬慕韩愈的才华，一方面又对韩愈的自傲有所担忧。她曾多次思忖，要使郎君日后有所作为，现在就应当规劝他一下，可是如何规劝呢？

这天晚饭后，二人在花前月下闲聊诗文。畅谈中，韩愈提起这几年在求官途中的失意之事，卢小姐和颜悦色地说道："相公不必再为此事叹息，科场失意乃常有之事。家父总是对我夸你学识渊博，为人诚挚。我想你将来一定会有作为的。只是你科场屡挫，必有不足之处，眼下当找出这个缘由才是。"韩愈听后，频频点头，接着说："小姐讲的甚是有理，俗话说，'自己瞧不见自己脸上的黑'，请小姐赐教。"卢小姐一听，忍不住笑出声来，说道："你真是个聪明人啊！"随即展纸挥笔，写道："人求言实，火求心虚。欲成大器，必先退之。"韩愈手捧赠言，一阵沉思：此乃小姐肺腑之语啊！自古道："骄兵必败。"自己身上缺少的正是谦虚的品质，这个"愈"字便是证据。于是，他立即选用卢小姐赠言中的最后两个字——"退之"作为自己的字。

贾岛推敲

中晚唐时期，我国诗坛上活跃着一群苦吟诗人，他们以殚精竭虑的态度进行创作，对每个字词反复锤炼，贾岛便是苦吟诗人中的代表人物之一。

有一次，贾岛骑驴走在官道上。他正琢磨着一首诗，名叫《题李凝幽居》，全诗如下："闲居少邻并，草径入荒园。鸟宿池边树，僧推月下门。过桥分野色，移石动云根。暂去还来此，幽期不负言。"

他觉得第二句"鸟宿池边树，僧推月下门"中的"推"应换成"敲"，可又觉得"敲"也有点不太合适，不如"推"好。究竟用"推"还是用"敲"，他一下子拿不定主意了。正沉吟间，他的毛驴闯进了韩愈的车队里。

韩愈问贾岛为什么闯进车队。贾岛就把自己作了一首诗，但是其中一字拿不定主意是用"推"好还是用"敲"好的事说了一遍。韩愈听了，对贾岛说："我看还是用'敲'好。即使是在夜深人静时拜访友人，敲门也是必不可少的礼节。而且一个'敲'字，使夜静更深之时多了几分声响。再说，读起来也响亮些！"贾岛听了连连点头称赞，从此和韩愈交上了朋友。"推敲"也就此成为了脍炙人口的词汇，用来比喻做文章或做事时反复斟酌。

李泌归山

李泌是长安人，他小时候聪明好学，当时的宰相张九龄看到他写的诗文，十分器重他，称赞他是个"神童"。成年以后，唐玄宗封他为翰林待诏，并供奉东宫（太子住处），太子李亨对他十分亲厚。李泌看不惯杨国忠弄权，曾经写诗讽刺杨国忠。因此，他被杨国忠排挤出长安，跑到颖阳隐居了起来。

公元755年，安史之乱爆发。第二年，唐玄宗逃至马嵬坡时，随行将士处死了宰相杨国忠，并强迫杨玉环自尽，史称"马嵬坡兵变"。兵变后，唐玄宗西逃，太子李亨在灵武即位，史称唐肃宗。

唐肃宗刚在灵武即位的时候，身边的文武官员不满三十人。唐肃宗深感举步维艰，于是请出了李泌。二人相见后，唐肃宗非常高兴，事无大小都向李泌咨询，对他言无不从。

唐肃宗想让李泌当宰相，李泌推辞说："陛下待我像知心朋友一样，我何必再图这个虚名呢？"李泌总是穿着布衣。有一次，李泌陪唐肃宗一起骑着马巡视军队，兵士们在后面指指点点说："那个百姓打扮的是个隐士。"唐肃宗听到兵士们的议论，觉得这样太显眼了，于是给了李泌一件紫色的官服，硬要他穿上。李泌没办法，只好穿上。肃宗笑着说："你既然穿上了官服，还能没有个官衔？"说着，他从袖里拿出一份诏书，任命李泌为元帅府行军长史。

李泌还是不肯答应。唐肃宗说："现在国家正值多事之秋，希望你不要推辞。等平定了叛乱，我可以放你还山。"那时候，郭子仪也到了灵武。朝廷要平定叛乱，军务十分繁多。四面八方纷纷送来文书，从早到晚没有片刻停歇。唐肃宗下令把收到的文书一律先送给李泌审阅，李泌忙得连饭也顾不上吃，觉也不能好好睡。

唐肃宗一心想回长安，便问李泌："敌人这样强大，我们怎么办？"李泌说："安禄山发动叛乱，真心帮他出力的是少数，其余都是被迫参加的。照我的估计，不出两年，就可以把他们消灭。"接着，他给肃宗制定了一个军事计划，暂缓收复长安，派郭子仪、李光弼分两路进军河北，攻打叛军老巢范阳，叫叛军进退两难，再发动各路官军围攻，把叛军消灭。

第二年春天，叛军发生内讧，安禄山的儿子安庆绪杀了安禄山，自己称帝。这本来是个消灭叛军的好机会，但是肃宗急于回长安，不听李泌的进言，把郭子仪的人马从河东调回，强攻长安，结果打了败仗。后来，郭子仪借了回纥的精兵，集中十五万人马，才把长安攻了下来。接着，又收复了洛阳，叛军头目安庆绪逃到河北，史思明被迫投降。

唐军收复了长安和洛阳，唐肃宗觉得心满意足，便用骏马把李泌接到了长安。

后来，唐肃宗宠信皇后张良娣，纵容她干涉政事，又听任宦官李辅国专权。他们嫌李泌权大，早就互相勾结，想把李泌除掉。太子李俶发现了张良娣等人的阴谋，就告诉了李泌。李泌说："我和皇上有约在先，等收复京城，我就归山。"他果然向唐肃宗请辞，就此飘然而去，隐居南岳衡山。

唐宣宗训女

万寿公主是唐朝第十六位皇帝唐宣宗李忱的爱女，下嫁起居郎郑颢为妻。郑颢是世家子弟，知书达理，温文尔雅。唐宣宗疼爱女儿，所以才选了郑颢当女婿。公主出嫁的时候，管理皇家事务的部门打算按老规矩给公主配备银装饰的车子，唐宣宗说："我曾号召天下人节俭，应该从自己做起。给她用铜装饰的车子吧。"

唐宣宗又教育女儿要遵守当妻子、当儿媳的本分，不要仗着自己是皇家女儿就看不起丈夫家的人，否则容易重蹈太平公主和安乐公主的覆辙。

郑颢的弟弟郑颛生了病，宣宗专门派使者前去探视。使者回宫后，宣宗问："公主在家做什么？"使者回答说："公主没在家，说是到慈恩寺看戏去了。"

唐宣宗一听大怒，骂道："怪不得我们皇家的女儿不招人待见，士大夫们都不愿跟我们家通婚，都是这不听话的丫头惹的祸！"他命人去慈恩寺戏场找到公主，立即带进宫来。

过了半天，公主很不情愿地被带进了宫。唐宣宗叫她站在台阶下好好反省，自己则坐在殿上，满脸怒气，一言不发。公主想了一会儿，晓得自己闯了祸，就抽抽搭搭哭着认错。宣宗对女儿说："你是人家的媳妇，不是没出嫁不懂事的黄毛丫头。小叔子生了病，你作为嫂子不去探望照顾，还有心情去看戏？回去好好改正吧！"

从那以后直到唐宣宗去世，皇亲国戚们无不老老实实遵守礼法，没有人敢仗势欺人。

吕蒙正寒窑苦读

　　吕蒙正是北宋名相，洛阳人，少时贫苦，孜孜好学，宋太宗时考中状元，曾先后三居相位，遇事敢言，不惧犯颜直谏。洛阳城东南十余公里处的偃师佃庄相公庄为吕蒙正故里。这一带长期流传着吕蒙正的故事。

　　吕蒙正的父亲在洛阳做官时，听信小老婆的谗言，把结发妻及儿子蒙正赶出了府门。蒙正母子在洛阳无亲可投，便流落到洛阳东二十多里处的一个村子里，寻了一个破窑住下。这个破窑无门无窗，又破又浅，遇到风雪侵凌，便寒冷刺骨。他们生活没有着落，全靠母亲给村人纺棉赚点儿钱糊口。母子总是吃稀汤野菜，穿得破破烂烂。自小聪明懂事的吕蒙正不仅没叫过一声苦，还能挖野菜、拾柴禾，为母亲分忧。他每天外出，路过村学门前，总能听到村学中学生的读书声。听得多了，也能背诵一些。七八岁时，他便向母亲要求上学。母亲含着热泪说："娘知道读书好，要不是你狠心的爹爹把咱们撵出来，你早就入学读书了。可是咱们现在连吃穿都顾不上，哪来的钱供你上学呢？"幼小的蒙正固执地说："那我一辈子不能上学念书了吗？"母亲听孩子这么一说，伤心得一夜翻来覆去睡不着觉。她猛然想起，自己小时候在娘家也跟着爹爹念过几年四书五经，不如由自己来教孩子读点书。第二天，蒙正出门拾柴禾，她就到村里相识的人家，找了一些残缺不全的旧书，晚上一边纺棉，一边教儿子念书。吕蒙正有了读书的机会，高兴极了，拾柴剜菜时，嘴里也在背诵，晚上学得更有劲。时间长了，有些难解的知识母亲解答不了，他就到村学向先生请教。村学先生见他好学，就收他为学生，晚上给他讲课，并且赠送他一些笔墨纸砚。这样，吕蒙正的学业大有进步。

宋太宗太平兴国年间，朝廷开科取士，吕蒙正也进京赶考。他东挪西借来的一点儿盘缠，走到半路就花完了，只好边乞讨边赶路进京。在这次考试中，吕蒙正金榜题名，中了状元。

吕蒙正拜相后，他府中有个叫富言的人，出身也较贫寒。有一次富言对吕蒙正说："我的儿子已经十几岁了，我想让他进书院学习，受正规系统的教育。但我无力做到，请大人帮忙成全。"吕蒙正答应了富言的请求。

第二天，富言把自己的儿子带来见吕蒙正。吕蒙正见这个孩子知书达礼，就询问了他的功课学业。经过一番交谈，吕蒙正赞赏地说："这孩子将来的地位必不亚于我，建立的功勋将远远超过我！"于是，吕蒙正当即决定让这个孩子与自己的两个儿子一起读书，所有费用都由自己提供。富言的这个儿子就是宋朝历史上著名的大臣富弼。在宋仁宗时，富弼两度被拜为相国，与当时的另一名臣范仲淹一起整肃朝政，建树颇高。

张咏劝学

张咏是北宋太宗、真宗两朝的名臣。北宋仁宗时期，人们将他与赵普、寇准并称。张咏出生在贫寒之家，他热爱学习，但家贫无书，便向别人借书，将书借到手之后再抄下来苦读。他读书十分勤奋，没有书桌，就在院子里背靠着大树的树干读，一篇文章不读完，绝不进屋歇息。他的《劝学》诗中有这样两句："玄门非有闭，苦学当自开。"可以说是他青年时代刻苦攻读的写照。

张咏在成都的时候，听说寇准当了宰相，便对手下的官员说："寇准虽然是个不可多得的人才，但可惜在学问上还有欠缺。"后来寇准罢相，出知陕州。适逢张咏从陕州路过，寇准盛情招待了他。当张咏将要离开时，寇准亲自送他到郊外，问道："您有什么临别赠言吗？"张咏慢慢地说："《霍光传》不可不读啊。"寇准听了，一时没有弄清张咏的用意，回家后取出《汉书·霍光传》来读，读到"不学无术"时，才恍然大悟地笑着说："这就是张咏对我的规劝啊！"

范仲淹食粥苦读

范仲淹是我国历史上著名的思想家、政治家、军事家和文学家。他两岁的时候，父亲病逝。他随母改嫁，并随养父姓朱。

少年时的范仲淹曾在南都书院学习。由于家境贫困，他的生活非常艰苦，经常吃不上饭，只能喝粥充饥。他每天都煮一大锅粥，经过一个晚上的放置，锅里的粥凝固了，他便用刀将粥切成四块，早晚各取两块，就着一些腌菜吃下去充饥。一位南都官员的儿子和他是同学，非常同情他，便把他学习勤奋、生活艰苦的情况告诉了自己的父亲。同学的父亲为范仲淹的刻苦精神所感动，让自己的儿子给范仲淹送去丰盛的饭菜。然而，范仲淹婉言谢绝了，并说："我吃惯了粥，今天吃了这些好吃的，以后怎么能再平心静气地吃下那些寡淡的粥呢？"就这样，他在南都应天府寒窗苦读五年。

公元 1014 年，真宗皇帝路过应天府，全城都轰动了，人们争先恐后地去看皇帝。书院的师生也都放下书本，跑去观看。可是，范仲淹却闭门不出，仍像往常一样埋头苦读。一位同学特地跑来叫他："快去看啊，这可是个千载难逢的机会，千万不要错过！"但范仲淹连头也没抬，只随口说了句"将来再见也不晚"，便又继续读书了。第二年，他取得了殿试的资格，到宫廷朝见皇帝，并参加了由皇帝亲自主持的考试。那时候，他年仅二十六岁。

范仲淹资助孙秀才

　　范仲淹在睢阳做学官时，经常以自己的薪俸资助穷苦的读书人。也许是范仲淹济贫解难出了名，总有人主动上门求助。某年，有个姓孙的秀才找到范仲淹，希望能够得到他的帮助。范仲淹满足了孙秀才的请求。

　　第二年，这位孙秀才又来了，范仲淹答应赠给他十缗铜钱。不过，这次范仲淹问他："你这样辛苦地奔波，究竟是为什么？"孙秀才悲伤地回答："因为我没有办法养活老母亲，只好这样奔波，希望求得一些帮助。倘若我每天能有一百个铜钱的收入，就足够维持生活了。"

　　听了孙秀才的话，范仲淹陷入了沉思。他留孙秀才先住下，答应明天送钱给他。当天晚上，范仲淹思考了一夜。

　　第二天，范仲淹对孙秀才说："我看你也不是好吃懒做、专门向人乞讨混日子的人。这样辛苦奔波能得到多少资助？我替你谋一个学职，每月有三千的薪俸，可供衣食之需。但这样安排以后，你还能专心在学习上下功夫吗？"孙秀才听了范仲淹的安排，特别高兴，他满口应承，并一再拜谢。于是，范仲淹安排他研习《春秋》。

从此以后，孙秀才学习刻苦，经常读书到深夜。同时，他十分谨慎，严格要求自己，范仲淹对他很满意。

过了一年，范仲淹的职务有了变化，孙秀才也结束学业回去了。从此，范仲淹与这位孙秀才失去了联系。

十年以后，人们都说在泰山脚下有位教授《春秋》的孙明复先生，学问和修养都很好。朝廷把这位颇有影响力的孙先生请到太学来。这位孙明复先生，原来就是当年范仲淹资助过的孙秀才。

面对孙明复的变化，范仲淹很有感触地说："如果衣食没有保证，四处奔波，即使是孙明复这样的人才，也会被埋没。"

人们在敬佩范仲淹济贫解难精神的同时，也逐渐地认识到，物质条件对人的成长进步有多大的作用。范仲淹懂得物质条件对人才成长的重要性，因此，他把自掏腰包周济贫穷的读书人当作一件乐事。

铁面无私的包拯

　　包拯是庐州合肥人，早年做过天长县县令。有一次，县里发生了一个案件，有个农民夜里把耕牛拴在牛棚里，早上起来，发现牛躺倒在地上，嘴里淌着血，掰开牛嘴一看，原来牛的舌头被人割掉了。这个农民又气又心痛，就赶到县衙告状，要求包拯为他找出并惩罚割牛舌的人。

　　这个无头案该往哪里去查呢？包拯想了一下，就跟告状的农民说："你先别声张，回去把你家的牛宰了再说。"农民本来舍不得宰耕牛，而且按当时的法律，耕牛是不能私自屠宰的。但是，一来被割掉了舌头的牛本也活不了多少天；二来县官叫他宰牛，也不用怕犯法。那农民回家后，果真把耕牛杀掉了。第二天，天长县衙里就有人来告发那农民私宰耕牛。

　　包拯问明情况，立刻沉下脸，大喝一声说："好大胆的家伙，你把人家的牛割了舌头，反倒来告人私宰耕牛？"那个人一听就呆了，伏在地上直磕头，老老实实承认是自己割了牛舌。

　　原来，割牛舌的人跟那个农民有仇怨，所以先割了牛舌，又去告发牛主人宰牛。

打那以后，包拯审案的名声就传开了。

包拯执法如山，铁面无私。他在庐州府做官的时候，有个亲戚犯了法，被人告到官府。包拯依法处理，打了他一顿板子。有些亲友本来想利用包拯做靠山，胡作非为。这样一来，他们再也不敢为非作歹了。

包拯做了几任地方官，每到一个地方，就取消一些苛捐杂税，清理一些冤案。后来，他被调到京城做谏官。京城里有许多皇亲国戚、权贵大臣。其中有个叫张尧佐的人，他的侄女在宫内当贵妃。凭这层关系，他竟同时担任了三司使等好几个重要官职。三司使是主管全国财政赋税的官员，包拯认为按照张尧佐的才能，不适宜担任三司使，更不适宜同时担任几个重要官职。于是，他一连写了五道奏疏，弹劾这个既有后台、又有权势的大人物。

为了这件事，包拯有一次竟在朝堂上和宋仁宗当面争吵起来。在包拯的再三反对下，宋仁宗终于免去了张尧佐的两个官职。

当时，还有一个大官僚叫王逵。他担任荆湖南路转运使的时候，非常残暴，拼命剥削百姓，逼得百姓逃亡山中，联合起来进行反抗。后来，他又调任江南西路转运使，继续残害百姓。

包拯探访到这些情况，气愤极了，立刻上了两道奏疏，弹劾说："王逵残害百姓，逼得他们逃入山中，造成大害，至今未息。朝廷绝不能任用这样的坏人危害国家。"

两道奏疏递交上去了，然而朝廷并没有罢王逵的官，反而又调他做了淮南转运使。包拯坚决反对朝廷这种做法，又上了第三道奏疏进行弹劾。

过了一些时日，包拯又了解到王逵的另一项重大罪行。原来，王逵担任江南西路转运使的时候，疑心地方官卞咸告发他的罪行，就暗中指使人诬告卞咸，一下子关押了五六百人，制造了一个大冤案。包拯又接连上了四道奏疏弹劾王逵。他义正辞严地责问："难道朝廷竟忍心听任一个地区的百姓让王逵残害吗？"在包拯的七次弹劾下，宋仁宗不得不免去了王逵的官职。

　　后来，宋仁宗想整顿开封府的秩序，就将包拯调任开封府知府。有一年，开封府发大水，城中的惠民河河道阻塞，水排不出去。包拯一调查，发现河道阻塞的原因是有些宦官、权贵侵占了河道，在河道上修筑花园、亭台。包拯立刻下令，要这些园主把河道上的建筑全部拆掉。有个权贵不肯拆除。开封府派人去催促，那人还强词夺理，拿出一张地契，硬说那块地是他的产业。包拯仔细一检查，发现地契是权贵自己伪造的。包拯十分生气，勒令那人拆掉花园，还写了一份奏章向宋仁宗揭发。那人一看事情闹大了，要是仁宗真的追究起来，也没有他的好处，只好乖乖地把花园拆了。

　　包拯铁面无私，任何皇亲国戚、权贵大臣，都没有办法在他那里走门路，通关节。包拯自己更是处处奉公守法。

　　包拯平生最痛恨贪官污吏，他在一篇《家训》里说："后代子孙做官贪污的，不许回老家；死了以后，也不许葬在包家的祖坟中。"

　　司马光是我国北宋时期著名的政治家、史学家、文学家。流传千古、影响深远的历史著作《资治通鉴》就是他主持编纂的。

　　司马光小时候在私塾里上学，总认为自己不够聪明，甚至觉得自己比别人记忆力差。为了训练自己的记忆力，他常常花别人两三倍的时间去背诵书上的东西。每当老师讲完当天的课程，其他同学读一小会儿就能背诵，背完后便纷纷跑出去玩耍了。司马光却一个人留在学堂里，关上窗户，继续认真地朗读，直到读得滚瓜烂熟，合上书本能背得一字不差，才肯罢休。

　　司马光还利用一切空闲的时间学习，就连骑马赶路的时候，也不忘一面默诵，一面思考文章的内容。久而久之，他的记忆力越来越好，少时所学的东西，竟终生不忘。

　　司马光埋头学习、写作，往往忘记饥渴寒暑。他住的地方，除了书本，只有非常简单的卧具：一张板床、一条粗布被子、一个圆木做的枕头。

　　那个圆木做的枕头对司马光有着非同一般的意义：

司马光常常读书读到很晚，他读累了就会睡一会儿，可是人睡觉的时候是要翻身的，当他翻身的时候，枕头就会滚到一边，这时他的头便会碰到木板上，人也就醒了。于是，他马上披衣下床，点上蜡烛，接着读书。后来，他把那个圆木枕头看成是有思想的东西，给它起了个名字，叫"警枕"。

就是凭着这种永不懈怠的精神，司马光和他的助手花了十九年时间，编成了历史巨著《资治通鉴》。《资治通鉴》是我国历史上第一部编年体通史，全书共二百九十四卷，通贯古今，上起周威烈王二十三年（前403），下迄五代后周世宗显德六年（959），凡一千三百六十二年。

北宋史学家刘恕，字道原，筠州人。他是司马光编著《资治通鉴》的重要协助者。

当时编写《资治通鉴》，英宗皇帝指定司马光负责，并让他挑选助手。司马光当即回答说："馆阁中文学之士诚然不少，但是专门精通史学的，据我所知只有刘恕一个人而已！"在修史的过程中，凡遇史实纷杂难治之处，多由刘恕处理。

刘恕一生勤奋好学，惜时如金。白天，他埋头读书，家里人喊他吃饭，直到饭菜冰凉他还顾不上吃；夜间，他上床之后仍然思考古往今来的历史问题，往往通宵不眠。他家境贫寒，阴历十月还穿不上棉衣，自然无钱买书，只得靠借书、抄书来满足自己求学的需要。他甚至不惧数百里之途，外出求书借读。

一次，刘恕得悉在亳州做官的学者宋次道家中藏书丰富，就绕道前去借阅。宋次道让这位远道而来的友人住在家里，置办了丰盛的酒席招待他。刘恕却对主人说："你知道，我并不是为了享受佳肴美酒才到你这儿来的。这样大吃大喝，岂不误了我的正事！请把这些酒看都撤走吧！"他一进书库，立刻被琳琅满目的书籍迷住了。于是，他把门一关，独自边读边抄起来。白天顾不得休息，晚上忘记了睡觉。就这样坚持了十多天，刘恕把自己所需要的书全部读完、抄完。临告别的时候，宋次道发现他的双眼都已熬得血红。

刘恕晚年患有严重的风湿病，关节处常常疼痛难忍。在这种情况下，他还让家里人借来相关书籍，校正、补充自己的著作。刘恕去世时年仅四十七岁。但在短短的一生中，他除协助司马光编著《资治通鉴》之外，还著有《通鉴外纪》十卷和《五代十国纪年》四十二卷（后者今已不传）。可惜还有一些著作尚未来得及写完，他就与世长辞了。

张载是北宋哲学家，家住凤翔郿县横渠镇，世称"横渠先生"，曾任著作佐郎、崇文院校书等职。

张载年轻时喜谈兵法，二十一岁时，写成《边议九条》，以书谒见范仲淹。范仲淹见其书，知道他是有远大志向的人才，便劝他读《中庸》。他虚心接受了范仲淹的意见。读了《中庸》以后，他感到很有收获，便又钻研《六经》，终于学有所得。

张载中进士后，任祁州司法参军、云岩县令。他认为政事"以敦本善俗为先"，所以每月都选一吉日备下酒食，招待乡中年高的老人们，并且亲自敬酒，让人知道尊老敬长之义。他还借此机会询问民间疾苦，并向老人们强调教育子弟的重要性。当地百姓非常喜欢他。

由于御史中丞吕公著的推荐，宋神宗召见了张载，任命他为崇文院校书。大臣们赞佩他的为人，都愿意和他交朋友，遇事也愿和他商议。有一次，王安石征求他对"新政"的意见。张载说："您与人为善，别人也会以友善对待您。"

张载晚年致力于讲学著书，在他的著作中有《西铭》一篇。程颐看后，对此篇大加赞赏，认为其"与孟子'性善养气之论'同功，自孟子后盖未之见"。

欧母教子

欧阳修出身于仕宦家庭，他的父亲欧阳观是一个小官。在欧阳修出生后的第四年，他父亲便离开了人世，于是家中生活的重担全部落在了欧阳修的母亲郑氏身上。

眼看欧阳修就要到上学的年龄了，郑氏一心想让儿子读书，可是家里穷，买不起纸笔。

有一次，她看到屋前的池塘边长着荻草，突发奇想：用这些荻草秆在地上写字不是也很好吗？于是她用荻草秆当笔，铺沙为纸，开始教欧阳修写字。欧阳修在母亲的教导下一笔一划地练习写字，反反复复，一丝不苟，直到写对写工整为止。欧阳修学习非常专心，自学能力很强。他到处借书来读，有些重要的著作，他不惜下功夫抄录下来。读书之余，他还开始练习写文章。当时文坛流行五代遗留的柔靡文风，韩愈等人雄健流畅的散文已经看不见了。欧阳修偶然发现一篇韩愈的文章，爱不释手，便仔细钻研揣摩，学业进步很快。

欧阳修的父亲生前曾在道州、泰州做过管理行政事务和司法的小官。他关心民间疾苦，正直廉洁，为百姓所爱戴。欧阳修长大做了官以后，母亲还经常将他父亲为官的事迹讲给他听。她对欧阳修说："你父亲做司法官的时候，常在夜间处理案件，对于涉及平民百姓的案宗，他都十分慎重，翻来覆去地看。凡是能够从轻的，都从轻判处；而对于那些实在不能从轻的，往往深感同情，叹息不止。"她还说："你父亲做官廉洁奉公，不谋私利，而且经常以财物接济别人，喜欢交结朋友。他常常说不要把金钱变成累赘。所以他去世后，没有留下一间房，没有留下一垄地。"母亲这些语重心长的教诲，深深地印在了欧阳修脑海里。

后来，欧阳修任枢密副使、参知政事，为官正直敢言，锐意改革，并在文学和史学方面多有成就，这和他母亲的教诲是分不开的。

少娣化嫂

　　宋朝时，有一个女子姓崔名少娣，嫁到苏家做媳妇。他的丈夫有四个哥哥，都已经娶妻成家，家庭之中很不和睦，每天都有争闹的事情发生。崔氏初嫁到苏家来的时候，亲戚都替他担忧。可是崔少娣对待四位嫂嫂很有礼貌。她看见嫂嫂缺少什么物品，只要自己有，都主动奉上。婆婆差嫂嫂们去料理家务的时候，崔少娣每每争先去做。她说："我是来得最晚的媳妇，应该多做一些事。"她有时听到嫂嫂们抱怨，只是笑笑，一句话也不说。有下人到她那儿搬弄是非，少娣就用家法处罚他们。有一次，她抱着年幼的侄儿，侄儿把尿撒在了她的锦衣上，她却一点也没有可惜衣服的意思。过了一年左右，四位嫂嫂逢人便说少娣贤德。她们以少娣为榜样，从此和睦相处，不再争闹。

欧阳修百里追文

北宋著名文学家欧阳修曾受一位挚友之托，写了一篇题为《昼锦堂记》的文章。他字斟句酌，反复推敲，把文章写好后，便命一差官骑马给友人送去。

可是到了晚上，欧阳修突然想起了什么，马上对一个仆人说："你赶快骑马去追那送文章的差官，让他把文章带回来！"仆人说道："老爷，那差官已到百里之外了，现在又是晚上，哪能追得上呀！"欧阳修说："无论如何你也要追上他，即使我那文章已经送到，也得设法取回来！"

看见主人态度如此坚决，仆人急忙骑上马，走捷径，抄小道，拼命追赶，最后总算追上差官，把文章带了回来。

欧阳修为什么一定要把文章追回来呢？原来是为了添上两个"而"字。《昼锦堂记》开头有这样两句："仕宦而至将相，富贵而归故乡。"原稿中没有这两个"而"字，欧阳修将文章追回，就是为了把它们添上去。

为了添两个字，竟如此劳神费力，是小题大做吗？不是。虽然不添这两个字，文章开头也并无语病，但添上后，文章的语气便与原文大有区别，即由直而曲，由急而缓，表现出欧阳修文章曲折舒缓的艺术风格。欧阳修严谨的创作态度值得我们深入学习。

苏轼改对联

苏轼小时候非常聪明，读过很多书，文章也写得不错。他总是受到人们的称赞，因而有点自视甚高。他在自己的书房门上贴了一幅对联，上联"识遍天下字"，下联"读尽人间书"。但是"天下字"多如繁星，有谁能"识遍"？"人间书"汗牛充栋，哪个人能"读尽"？幼年的苏轼未免有点不谦虚。

有一位老先生看了对联，心里想："这个小苏轼！'识遍天下字'，天下的字你全都识遍了？'读尽人间书'，世上的书你也全都读完了？你就这么骄傲，可以不要学习了？这种想法可要不得。"于是，老先生就带着一本书去找苏轼。

"老人家，找我有什么事吗？"苏轼问。

"我是来向你请教的。这里有一本书，里面有些字我不认识，请你告诉我。"老先生翻开书，指着书上的一些字说。

苏轼一看，老先生指的字他竟然一个也不认识，羞得脸都红了。"这是一本什么书啊，居然会有我不认识的字。"苏轼把书合上，一看书名，更是傻了眼。原来，这本书他连听也没听说过。

　　其实呀，这本书老先生读得很熟，书上的难字他当然全都认识，只不过是故意来考苏轼，教育他不要骄傲自满。苏轼被难住，不好意思地说："老先生，我知道你来找我的意思，我不该那样骄傲自满，以后一定做一个谦虚好学的人。"老先生见苏轼认识到了自己的错误，就微笑着离开了。

　　苏轼想了想，立刻在那副对联上加上了四个字，成了："发奋识遍天下字，立志读尽人间书。"

　　从此以后，苏轼更加奋发努力地读书、识字、写文章。后来，他终于成了一名大文学家。

范纯仁不辩非议

北宋时，一代大儒程颐与有"布衣宰相"之称的范纯仁素有交往。有一天，程颐闲来无事，来到范府小坐，那时范纯仁刚刚卸任宰相之位。说起范纯仁当宰相时的事，程颐爱较真的脾气又犯了，他责怪范纯仁说："您任宰相时，有许多地方做得不好，难道您现在不觉得惭愧吗？"范纯仁一听，脸色马上严肃起来，谦恭地说："请您指教！"程颐说："在您任宰相的第二年，苏州一带有暴民抢掠官府粮仓，您应当在皇帝面前据理直言才对，可您当时什么也没说。由于您闭口不言，许多无辜的百姓遭到惩罚，这是您的罪过啊！"范纯仁连忙道歉："是啊！这是我这个宰相不作为的过错，您批评得对！"程颐又说道："您做宰相的第三年，吴中地区发生洪涝灾害，百姓们以草根树皮充饥，地方官已报告很多次，您却无动于衷，还是皇帝提出要您去办理赈灾事宜，您才采取行动。您堂堂一朝宰相，居其位食其禄而不谋其事，太不应该了。"范纯仁连连道歉，不作任何辩解。程颐又指出他许多不是，然后告辞走了。

有一天，皇帝有事召见程颐。程颐大谈治国安邦之策，皇帝听了赞叹不已，感慨地说："你大有当年范纯仁的风范。"程颐对皇帝的称赞颇不以为然，忍不住问道："范纯仁曾向您进献过许多忠言良策吗？"皇帝命人抬来一个箱子，里边全是范纯仁当年的奏折。程颐打开一看，才知道他当初指责的那些事范纯仁早已做过，只是由于种种原因，施行得不够好罢了。程颐红了脸，第二天便登门给范纯仁道歉。范纯仁哈哈一笑："不知者无罪，您不必这样。"

明明被人误解了，却不肯出一言为自己辩护，范纯仁的确雅量非凡。他从不疾言厉色对待别人，常常告诫子侄辈："用苛求别人的心来要求自己，用宽恕自己的心来宽恕别人。如果坚持这样做，不用担心自己达不到圣贤的境界。"

　　杨时，字中立，剑南将乐人。少年时，他聪颖好学，善作诗文，被人称为"神童"。年纪稍大一点后，他专心研究经史书籍，并于宋神宗熙宁九年（1706）进士及第。当时，河南的程颢、程颐兄弟被世人称为"二程"，是著名的理学家和教育家，河南洛阳一带的学者都愿意拜他们为师。杨时在颍昌时曾拜程颢为师，师生相处得很好。杨时回家的时候，程颢目送他说："我的学说将向南方传播了。"

　　程颢去世以后，杨时便打算到洛阳向程颐学习，这时杨时大概四十岁了。一天，杨时去拜见程颐，程颐正在打瞌睡，杨时与同学游酢恭敬地站在门外静候，等到程颐醒来时，门外的雪已经一尺多深了，杨时和游酢也成了两个"雪人"。程颐为他们诚心求学的精神所感动，尽心教授。杨时终于学得程门理学真谛，他的德行和威望一日比一日高，四方之士纷纷不远千里前来与他交游。

朱熹和郑樵

郑樵是宋代著名学者，世称"夹漈先生"。他一生不应科举，刻苦力学三十年，在经学、史学、文献学等领域取得了极高的成就。

某年，朱熹从建阳到泉州同安县赴任，路经莆田时，在夹漈草堂见到了郑樵。年过五旬的郑樵招待朱熹和他的书童吃饭。席间，桌上只有一碟姜、一碟盐巴，朱熹的书童心中暗暗不乐。朱熹取出一部手稿，谦虚地请郑樵指正。郑樵恭敬地接过，放在桌上。接着，他燃起一炷香，室内顿时异香扑鼻。这时，恰好窗外吹来一阵山风，把手稿一页一页地掀开。郑樵一动不动地站立着，像被清风吹醉了一般。等到风停下后，他才慢慢地转过身子，把手稿还给了朱熹。两人促膝而谈，一连谈了三天三夜。

朱熹离开草堂后，他的书童不满地说："这个老头子算什么贤人？他对您太无礼了。无酒无肴，只有一碟姜、一碟盐巴，亏他做得出来。"朱熹说："那盐不是海里才有的吗？那姜不是山里才有的吗？尽山尽海，是大礼啊！"

书童又说："您的手稿，他连看都不看……"朱熹说：

"你没看到吗？我送他手稿时，他特地燃起一炷香，这是很尊重我啊！风吹开稿页那阵子，他就把稿子看完了，给我提出了不少好意见，还能把手稿里的原句背出来，真是令人钦佩。"书童愤愤不平地说："相公老远跑来见他。可今天离开时，他送都不送一程。"

朱熹笑着说："他送到草堂门口，就已尽礼了。一寸光阴一寸金，我们做学问的人，每分钟时间都很宝贵啊。"

正说着，前面草丛里突然哗啦一声，一只五色雉鸟从头顶飞过。两人不由回过头来，却见郑樵还站在远处的草堂门前，保持着原先送客的姿态，手里还拿着一本书。朱熹对书童说："你看，他还在门口站着，送客不忘读书，真是个贤人啊。"

陆游教子

　　南宋文学家、史学家、爱国诗人陆游非常注重对子女的教育。他在家训中说道："才思敏捷的年轻人最容易学坏，做长辈的一定要经常对他们加以约束和管教，敦促他们熟读儒家经典，教导他们做人必须宽容、厚道、恭敬、谨慎，不要让他们与轻浮浅薄之人来往。这样坚持十多年后，他们的志向和情趣会自然养成。我这些话是年轻人治病的良药，大家都应该谨慎对待它，不要留下遗憾和愧疚。"

　　子聿是陆游最小的儿子。陆游曾写过八首《冬夜读书示子聿》，其中一首是："古人学问无遗力，少壮工夫老始成。纸上得来终觉浅，绝知此事要躬行。"这是一首教子诗，是要告诉儿子学习的道理。书本知识是前人实践经验的总结，能否符合此时此地的情况，还有待实践去检验。一个既有书本知识，又有实践经验的人，才是真正有学问的人。

　　开禧三年（1207），史弥远发动政变，诛杀韩侂胄，遣使携其头往金国，订下"嘉定和议"，北伐彻底宣告失败。陆游听到这些不幸的消息，悲痛万分。嘉定二年（1209）秋，陆游忧愤成疾，入冬后病情日重，遂卧床不起。不久，陆游与世长辞，享年八十五岁。临终之际，他留下绝笔《示儿》作为遗嘱："死去元知万事空，但悲不见九州同。王师北定中原日，家祭无忘告乃翁。"在短短的篇幅中，诗人披肝沥胆地嘱咐着儿子，浓浓的爱国之情跃然纸上。

成吉思汗母亲教子团结

　　成吉思汗是蒙古帝国可汗，本名铁木真，"成吉思汗"是其尊号。他父亲是一个部落的首领，在一次部落纷争中被人杀害了。成吉思汗的母亲诃额仑夫人只好带着几个年幼的孩子流浪在茫茫草原上。

　　为了教育孩子，诃额仑夫人经常给孩子们讲故事。有一回，她给孩子们讲了一个关于团结的故事："记得有一天，你们的外婆阿兰阿豁看到五个儿子不团结，便拿出五支箭，让五个儿子分别去折，他们很容易就将箭折断了。后来，她又拿了五支箭，捆成一束，让他们折，结果谁也折不断。这时，外婆就对她的五个儿子说：'要知道，最好的摔跤手敌不过人多，最好的马也经不起百条鞭子抽打。只有团结起来，将五根手指握成一个拳头，才有力量战胜敌人！'"在母亲的教育下，成吉思汗茁壮成长，最终成为"一代天骄"。

夏原吉，字维喆，湖南湘阴人。他于明太祖洪武年间入仕，是永乐、洪熙、宣德三朝的户部尚书。

有一次，夏原吉巡视苏州，他婉谢了地方官的招待，只在旅社中进食。厨师做菜太咸，他无法入口，只吃些白饭充饥。但他并没有说出来，以免厨师受责。随后巡视淮阴，在野外休息的时候，马突然跑了，随从去追马，好久都不见回来。夏原吉不免有点担心，适逢有人路过，他便上前问道："请问你有没有看见前面有人在追马？"话刚说完，没想到那人对他怒目而视，答道："谁管你追马追牛？走开！我还要赶路。我看你真像一头笨牛！"这时随从正好追马回来，一听这话，立刻抓住那人，厉声喝斥，要他跪着向尚书赔礼。可是夏原吉却阻止道："算了吧！他也许是赶路辛苦了，所以才口不择言。"笑着把那人放走了。

又有一次，侍婢不小心打破了夏原吉心爱的砚台，躲着不敢见他。他便派人安慰侍婢说："任何东西都有损坏的时候，我并不在意这件事！"因此，他家中不论上下，人人和睦相处。

夏原吉告老还乡后的一天，他寄居在一个旅馆中，一只袜子湿了，便命伙计去烘干。伙计不慎将袜子烧掉了，却不敢报告；过了好久，才托人去请罪。夏原吉笑着说："怎么不早告诉我呢？"就把剩下的一只袜子也丢了。

　　有人问夏原吉："气量可以学吗？"夏原吉回答道："我年幼时，有人触犯了我，我不曾发怒。开始在脸色上忍耐，中间一段时间在内心忍耐，时间长了就没有什么需要忍耐的了。"

明代宗景泰年间，都察院右佥都御史邹来学在蓟州督粮。有一天，他与客人下围棋，眼见一局将输，正踌躇无措时，一位随侍左右的刘姓士兵跪指一子说："用这招，全局就活了。"邹来学用了他的棋招，果然大胜。客人离去后，邹来学把这个姓刘的士兵叫到面前问："你是什么人，懂得下棋吗？读过书吗？"姓刘的士兵回答说："我叫刘宣，曾经读过书。但家境不好，又世代戍边，因此只能来这儿当兵。"邹来学欣赏刘宣聪颖有才，于是让刘宣和自己的两个儿子一起读书。军务之暇，邹来学经常亲自教授他们。每次检查他们的功课，邹来学总说："我的长子参加乡试只可勉强考中举人，而刘宣可得解元（乡试第一）。"后来，邹来学的长子在湖广考中举人，刘宣果然考中顺天府解元。

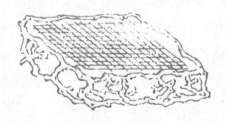

戚继光牢记父训

戚继光，字元敬，号南塘，晚号孟诸。戚继光家族世代为登州将门，父戚景通为登州卫指挥佥事。戚景通五十六岁时才生下戚继光。老将军晚年得子，对戚继光虽十分疼爱，但要求极严。

戚继光十二岁时，有一天见工匠们在修缮房屋。一个工匠对他说："凭戚将军的地位，按说家中的大厅应该修十二扇雕花窗，可是你父亲仅仅修一间四扇窗的厅，未免有点太节省了。"戚继光听后对父亲说："人家说父亲官职已经不小了，为什么不修造一间十二扇雕花窗的大厅呢？"父亲对他说："由节俭到奢侈容易，由奢侈到节俭难啊！如果贪图富贵，最后只会招致祸患。你小小年纪就贪图富贵，即便我有万贯产业交到你手里，恐怕你也保不住！你想想，这话对不对？"戚继光一下子就明白了父亲话里的意思，马上回答道："孩儿听从父亲教诲，实在不该听工匠的话。"

后来，家中要给戚继光订亲，女方家中送来一双非常昂贵的鞋。戚继光见了这双鞋，翻来覆去看不够。母亲说："既然你这般喜爱，那就拿去穿吧！"戚继光于是穿上新鞋走到父亲书房里，高兴地问："父亲，您看这双鞋漂亮吗？"父亲一见，皱起眉头，严肃地说："我上次为修大厅的事就对你说过，不要贪图富贵！一双鞋虽小，但如果你爱慕虚荣、贪图享受之心不改，将来做了官必然贪赃受贿。"父亲又问他："宋代岳飞曾说过什么话？"戚继光回答："文官不贪财，武官不怕死，国家就兴旺。"父亲语重心长地说："对，你要终生牢记这句话！认真读书，苦练武艺，才能为国立功，干一番大事业！"

几年后，戚继光成了一名文武双全的青年军官。此时，戚景通正埋头著一部兵书，有人劝他晚年要多置买些田产好留给后代。他听后叫来了戚继光，问道："你知道父亲为什么给你取名继光吗？"戚继光说："要我继承戚家军名，光耀门第。"父亲又说："我没有留给你多少产业，你不会怨恨我吧？"戚继光指着厅堂上父亲写的一副对联，读道："授产何若授业，片长薄技免饥寒；遗金不如遗经，处世做人真学问。""父亲从小教我读书习武，还教我做一个品德高尚的人，这是留给我最宝贵的产业。我不贪图安逸和富贵，只想早些看到父亲像岳飞创建'岳家军'一样，也创立一支'戚家军'。"戚景通听了，心中十分宽慰，笑着对儿子说："我这部兵书已经完成了，现在传给你。这是我一生的心血，将来你用它报效国家吧！"戚继光双手接过《戚氏兵法》，说："我一定用心研读这部兵法，不管将来遇到什么艰难险阻，我都不会丢弃父亲的一生心血。"

戚景通在七十二岁时患重病去世了。戚继光接到噩耗，从驻防地赶回家奔丧。他在父亲坟上哭着说："继光一定继承您的遗志，为国尽忠。赴汤蹈火，在所不辞！"

明嘉靖三十四年（1555），朝廷任命戚继光为浙江都司佥事，负责抗倭。他组织的"戚家军"在六年中九战九捷，威震中外。他曾对人说："我之所以能抗倭取胜，全靠我父亲在世时的谆谆教诲！"

周怡《勉谕儿辈》

周怡，字顺之，号讷溪。明嘉靖十七年（1538）登进士科，初任顺德推官，政绩优异。第二年，擢升为吏部给事中。给事中属于言官，本职工作就是规谏皇帝，纠察百官。周怡性情刚正，嫉恶如仇，多次因直言敢谏触怒嘉靖皇帝，乃至被下狱，直到隆庆皇帝即位才得复用。

周怡非常注重对晚辈的教育，他在《勉谕儿辈》中写道："从节俭变得奢侈是容易的，从奢侈变得节俭却困难。饮食穿衣，如果能想到食物和衣服来之不易，就不会轻易地花费钱财了。吃喝一顿酒肉花费的钱财，可以置办几天的粗茶淡饭；买一匹绸缎花费的钱财，可以置办几件平常的衣服。不饿不冷就够了，何必图个吃好穿好？经常在拥有的时候想着没有的时候，不要等到失去的时候再想着拥有的时候，那么子子孙孙就能长久地得到温饱了。"

徐溥储豆

明朝大臣徐溥自幼天资聪颖，性格沉稳。他八岁进私塾念书，塾师见他的口袋总是鼓鼓的，疑是玩物，便指责他贪玩。等走近才发现，原来徐溥口袋里的东西是他自己手抄的一本儒家经典语录。塾师颇觉惭愧，由此对他十分赞赏。

徐溥还效仿古人，不断地检点自己的言行。他在书桌上放了两个瓶子，分别贮藏黑豆和黄豆。每当心中产生一个善念，或是说出一句善言、做了一件善事，便往瓶子中投一粒黄豆；相反，若是言行有什么过失，便投一粒黑豆。开始时，黑豆多，黄豆少，他就不断地深刻反省并激励自己；渐渐黄豆和黑豆数量持平，他再接再厉，更加严格地要求自己；久而久之，瓶中黄豆越积越多，相较之下黑豆渐渐显得微不足道。他后来登第做官，还一直保留着这一习惯。

凭着这种持久的约束和激励，他不断地完善自己的品德，终于成了德高望重的一代名臣。

张溥抄书

　　张溥是明末的政治家、文学家。他出生于书香世家，但天资平平，记忆力还很差，总是刚刚读过的书一会儿就忘。然而，小张溥是一个很有志气的人，他知道自己的记性不如别人，并不自暴自弃，而是想尽方法克服这个缺点。

　　有一次，张溥在读书时读到"读书百遍，其义自见"这句话。他觉得非常有道理，而且特别适合自己。每天放学后，别的孩子都出去玩耍了，张溥就一个人留在教室里大声地背诵文章。练习了一段时间后，张溥的进步确实不小，已能基本连贯地背诵出文章来了。

　　有一天上课，先生叫张溥站起来背诵昨天讲过的文章。开始几段，张溥背得挺好，可没背一会儿就开始磕磕绊绊背不下去了。他急得满脸通红，额头上冒出了豆大的汗珠。可是越着急，就越记不起来。张溥只好低着头等候先生的责罚。先生用戒尺打了张溥的手心，还罚他回去把这篇文章抄十遍。回到家，张溥顾不上吃饭，就含着眼泪开始抄写。但是手被老师打得红肿，抄书的速度很慢，等抄完已经是半夜时分了。

第二天早晨，先生又查他背书。上句刚一出口，下句居然就直接跟了出来，全篇文章很顺利地背完了。先生听了之后非常满意，连连称赞他。

上完课，张溥想起课上的事，决定试着用抄写的办法来记忆新学的文章。他先将文章诵读一遍，然后开始抄写，并且一边抄一边在心里默诵。抄完一遍接着抄第二遍。他抄到第五遍的时候，便觉得已经能够复述全文了。抄到第七遍的时候，他不仅理解了文章的意思，而且能够熟练地背诵。张溥终于找到了提高记忆的办法。由于他长年累月地抄书，手指上都磨出了厚厚的老茧。而为了自我勉励，张溥把自己读书的屋子取名为"七录书斋"。

正是靠着这种扎扎实实的功夫，张溥学到了许多东西。后来，他著书立说，成了很有名的学者。张溥的诗大都收在《七录斋集》里，一直流传至今。

放牛听书

　　王冕是元朝著名画家、诗人、篆刻家。他出身贫寒，靠自学成才。王冕七八岁时就开始干活了。村里有个学堂，他每天放牛经过那里，听见琅琅的读书声，非常羡慕，便把牛拴在野地里，让牛吃草，自己悄悄地听学生们读书，听一句，记一句。有一天，他听得特别入神，不知不觉中太阳落山了，他跑到拴牛的地方一看，牛竟然挣脱了缰绳，不知跑到哪里去了。他一口气跑回家，发现牛已经进圈，这才松了一口气。他父亲为此大发雷霆，狠狠地揍了他一顿。过了十多天，王冕到湖边放牛。湖里开满了荷花，花红叶绿，非常好看。他掏出随身带的笔墨纸砚，把这美丽的景色画了下来。等他画完，已是夕阳西下时，牛又不见了。回到家里，父亲正在发脾气，母亲劝解说："这孩子就是这样痴，打也没有用，索性随他去吧。"

　　从此，王冕不必再放牛了。他来到一座寺庙旁住下，白天做些杂事换两顿饭。晚上，他偷偷地走进佛殿，坐在佛像膝上，映着长明灯读书。碰到天气晴朗的日子，他就利用劳动的闲暇，拿着文房四宝练习画画。

有个姓韩的学者听说王冕这样好学，就收他做了弟子，帮助他继续深造。经过长年累月的学习，王冕的学问大有进步，终于成长为一名出色的诗人兼画家。

王阳明家训

王阳明，名守仁，字伯安，世称阳明先生，浙江余姚人，明代著名哲学家、思想家、教育家和军事家。王阳明一生坎坷，历经磨难，但崇德尚义，成就卓著，尤其是他创立的"心学"体系，在明以后思想界占有重要地位，影响深远。他也因此与儒学创始人孔子、儒学集大成者孟子、理学集大成者朱熹并称为"孔孟朱王"，堪称学界巨擘、"百世之师"。他文武双全，在两方面皆卓有建树。清代名士王士祯称赞王阳明"立德、立功、立言，皆居绝顶"，为"明第一流人物"。

王阳明曾给他的兄弟、子侄写过不少书信，这些书信字里行间融入了他对整个家族的谆谆教诲和殷切希望。其中《示宪儿》堪称家训中的经典之作。整篇家书为歌谣体式，三字一句，共三十二句，一韵到底，朗朗上口。后来，王氏后人秉承王阳明的训子理念，形成了以"三字十二条"为代表的姚江王氏族箴，成为这个家族安身立命的旨要与规范。摘译如下：

现在教育孩子，一定要多加鼓励，使他们内心喜悦，那么他们自然就能不断进步。有如春天的和风细雨，滋润了花草树木，花木自然能一天天地茁壮生长。如果遇到冰霜的侵袭，那么它们就会萧条破败，一天天地枯萎。

教导他们读书，不仅是为了开启他们的智慧，也是借此使他们在反复思索中存养本心，在抑扬顿挫的朗诵中树立志向。

所有这些都是为了顺应他们的天性，引导他们的志向，使他们的性情在潜移默化之中达到中正平和。现在人的毛病，大多只因一个傲字。千罪百恶，都从傲上来。人一旦傲了，就会变得自以为是，不肯在别人面前屈服。所以，为子而傲，必然不是个孝顺父母的人；为弟而傲，必然不是个尊重兄长的人；为臣而傲，必然不是个忠臣。

子弟为学，首先要除去这一病根，才能取得更大进步。"傲"的反义词为"谦"。"谦"字便是对症治"傲"的良药。做人不但言行举止要表现出谦虚恭谨，内心也必须保持恭敬、节制、礼让，要常常看到自己的不足，虚心接受他人意见。

所以，为子谦虚，才能做到孝父母；为弟谦虚，才能做到悌兄长；为臣谦虚，才能做到忠君主。尧和舜之所以成为圣人，就是因为他们谦虚到了"至诚"的境界，那便是既有内心的诚实、恭敬和谦让，又有外在的温和之色、恭逊之容，吾家子弟应该以此自勉。

奋发向前孙奇逢

孙奇逢，字启泰，号钟元，世称夏峰先生。河北容城人，明清之际著名学者、教育家。孙奇逢在治学上主张"以慎独为宗，以体认天理为要，以日用伦常为实际"，坚持从实际出发，为理学寻求新的出路。他在教育方面的主张和实践有很多可取之处。

孙奇逢用"总脑清"的思想教诲学生。他认为："总脑清，则天下之物尽在我，而不足以增损我。"要求学生确立"穷则励行，出则经世"的学习目的和志向。他以为，勤于治学的人应该在苦难中自觉磨炼自己，安贫乐道。因此他要求学生做到"饥饿穷愁困不倒，声色货利浸不倒，生死患难考不倒"。

孙奇逢不仅这样教诲他的学生，也用实际行动实践自己的这些主张，真正做到了"为人师表"。他一生刻苦向学，丝毫不敢懈怠。因为家境贫寒，他常常陷入断炊的窘境，但仍坚持"食贫自甘"的生活态度，毅然放弃了很多做官的机会。

他重视"以日常伦理为实际"，反对脱离实际的读死书、死读书。他认为信书不如无书；心胸不大、眼界也不开阔的人不该读书；不解知识的精髓、不知何为圣贤的人也不该允许其读书。

　　孙奇逢在晚年一边讲学，一边带领子孙躬耕自给。很多慕名者纷纷前来求学，他留下了所有不畏艰苦的求学者，悉心教导他们。他说："匹夫为善，康济一世。"既然没有力量直接救民于水火，也就只能把自己掌握的知识传授给热爱学习、追求学问的人。他对于问道请业的人，不论贵贱贫富，一视同仁。

　　孙奇逢终年九十二岁。临终前几天，他仍旧"整衣危坐，与门人、子孙讲论不辍"。他奋发向前的治学精神与实践，将永远激励后人。

李因，明末清初女诗人兼画家。字是庵，号龛山逸史，晚号今生。会稽人，一作钱塘人。工画山水、花鸟，疏爽隽逸，毫无女子纤弱之气。亦工诗，著有《竹笑轩吟草》等，诗笔清奇，有中唐遗韵。

李因出身贫寒之家。在封建社会里，女孩子最要紧的是学会针线活以及打扮自己，至于读书写字，除了富贵人家的小姐以此来消遣解闷外，穷人家的女儿是很少学习的。再说，女孩子也不能进学堂，赴科场。但李因从小就和别的女孩子不一样，她喜欢读书，不喜欢涂脂抹粉打扮自己。只要一有空闲，她就立刻抓紧时间读书写字，作诗绘画。

李因的家里很穷，买不起纸墨笔砚和灯油。为了学习，她想出许多办法来克服困难。她在每天早上打扫房间的时候，总要先在积有灰尘的桌子上练一会儿字，然后才用抹布把灰尘擦掉。

秋天，柿子树的叶子发黄凋落，李因就把黄叶子扫起来，一筐一筐地装好，当作写字用的纸。夏天的晚上，李因捉来许多萤火虫，把它们放在蚊帐里，依靠它们发出的亮光读书。

李因读书简直到了废寝忘食的地步。她的父母对她说："你这样不分白天黑夜地读书，迟早是要累出病来的。"母亲因此只许她白天读书，一到天黑就催促她去睡觉。可是，李因总是在床上翻来覆去睡不着。有一天，她突然想出一个办法来：睡觉之前，她把火炭埋在灶灰里，然后才去睡觉。等父母睡着以后，她掀开被子，悄悄地爬起来，轻手轻脚地摸到厨房里，把埋在灰里的火炭扒出来，带到自己的屋里，点燃照明……为了防止光线射出去被家人发觉，她用衣服、被子把窗户遮住，然后偷偷地读起书来，一直到感觉疲倦的时候才去睡觉。

由于好学不倦，李因十岁时就能朗读《诗经》《尚书》，而且过目成诵，不漏一字。她还从小养成了写读书笔记的习惯，每天都要写几千字的笔记，寒暑不辍。

李因十七岁时，便嫁给了光禄寺少卿葛征奇做妾。出嫁那天，她的陪嫁是装满了几大箱子的书和读书笔记。

在当时社会，女子结了婚以后，往往因生儿育女和繁重的家务而放弃自己的学业。李因却不是这样，婚后仍然勤奋学习。

由于丈夫官职常常变动，李因也就总是跟着他到处奔波。在旅途中，李因不论是坐在船上，还是骑在驴背上，都时刻抓紧时间读书作诗。她的诗集《竹笑轩吟草》和《续竹笑轩吟草》收入的二百六十多首诗，大多数是她在旅途中写的。

姚梁是庆元县松源镇姚家村人。他自幼好学，清乾隆三十年（1765）乡试考取举人，乾隆三十四年（1769）登进士，官至内阁中书，历任礼部主事、刑部员外郎、山东学政、饶州知府、川东分巡备道、河间府知府等职，所至皆有政绩。姚梁为官清廉，备受尊敬，这得益于他从小受到良好的家庭教育。庆元地方上流传着许多姚母教子的故事。

有一年，朝廷任命姚梁为察司，要他去各州府查办贪官污吏。这事被他母亲知道了，她深怕儿子胜任不了这差事，决定试他一试。一日黄昏，姚梁刚从外面回家，他母亲劈头便问："梁儿，我中午煮了一大碗香蛋，好端端地放在橱内，晚上打开橱门一看，竟少了三个，莫非是被媳妇偷吃了？你要替我查一查！"姚梁听了不觉好笑，心想家人吃几个香蛋，没什么大不了的。于是便对母亲说："几个香蛋吃了便是，不必追究吧。"不料他母亲却认真地说："你连家中小事都分不清，还敢上州下府去查案？"姚梁一听便明白了母亲的用意，随即找来几个脸盆、牙杯，盛上清水，叫齐母亲、妻儿等家人，分给他们每人一个脸盆、一只牙杯，吩咐大家一齐漱口，并把水吐入各自面前的脸盆中。姚梁一个个地观察过去，别人脸盆中的水都清清的，唯有母亲脸盆中的水上漂着一些蛋黄碎。姚梁发觉吃蛋的不是别人，正是母亲自己。他正犯难时，母亲催促着问他："查到了吗？"姚梁说："查是查着了，不过……"他母亲紧逼着说："不过要徇私对否？"姚梁实在无法，只得壮着胆指出："蛋是母亲吃的。"姚梁妻子直怨他不该当众让老人家难堪。谁料，母亲却哈哈大笑起来，说："你遇事能如此细心，判事无私，我便放心了。"

不久，姚梁奉旨到各州府明察暗访，严办了一批贪官污吏。

郑板桥，原名郑燮，江苏兴化人，字克柔，号理庵，又号板桥，人称板桥先生。他是清代著名书法家、画家、诗人。

郑板桥的家族亦属书香门第，至其父时家道中落。其父虽有学养，但仅考得个廪生，枯守家园，教几个蒙童，生活相当清苦。郑板桥是独子，不幸三岁丧母，依靠乳娘费氏抚养。他十九岁时中了秀才，二十三岁时结婚。为了生活，他到扬州去卖字画，然而无人赏识他的作品，因此处境很是艰难。所幸他四十岁中了举人，四十四岁中了进士。再到扬州时，因为已经有了名气，他的字画连同旧作都被人视为墨宝争相收藏。他慨于世态炎凉，特地刻了一方印章，印文为"二十年前旧板桥"，多少也带点自嘲的意味。

无论环境怎样艰苦，郑板桥对于学业从来没有丝毫懈怠，依然坚定自己的志向，刻苦钻研诗词书画，终于形成了令人耳目一新的文风、诗风、画风，在书法、篆刻方面更是造诣极高。他的诗、画和书法被人们称为"三绝"。

郑板桥中第后，被授为县令。他居官十年，洞察了官场的种种黑暗，抱负难以实现，归田之意与日俱增。1753年，郑板桥六十一岁，因为替灾民请求赈济而忤怒了上官，于是辞官归去。离开时，百姓遮道挽留，并自发为他建立了生祠。郑板桥辞官回家，"一肩明月，两袖清风"，只带黄狗一条，兰花一盆。一天夜里，天气很冷，风大雨密，郑板桥辗转难眠，正巧有个小偷光顾。他想：如高声呼喊，

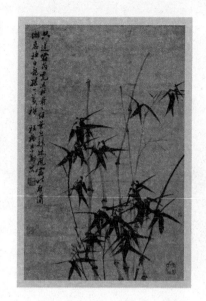

万一小偷动手，自己无力对付；佯装熟睡，任他拿取，又不甘心。略一思考，他翻身朝里，低声吟道："细雨蒙蒙夜沉沉，梁上君子进我门。"这时，小偷已近床边，闻声暗惊。又听到："腹内诗书存千卷，床头金银无半文。"小偷心想：不偷也罢。转身出门，又听里面说："出门休惊黄尾犬。"小偷想，既有恶犬，何不逾墙而出。正欲上墙，又听到："越墙莫损兰花盆。"小偷一看，墙头果有兰花一盆，于是细心避开，脚才着地，屋里又传出："天寒不及披衣送，趁着月黑赶豪门。"

六尺巷

清朝时，安徽桐城张家是一个著名的家族，张英、张廷玉父子两代为相，权势显赫。

清康熙年间，张英在朝当文华殿大学士、礼部尚书。张氏在桐城的老宅与吴家为邻，两家府邸之间有片狭窄的空地，作为往来行走的通道。后来吴家建房，要占用这个通道，张家不同意，双方将官司打到县衙。县官考虑双方都是名门望族，不敢轻易判决。张家管家一看事情闹大了，就连忙写了封信，把这事禀告给了在京当官的张英。不久，管家接到了张英的回信。信中没有过多的话，只有四句诗："千里修书只为墙，让他三尺又何妨。长城万里今犹在，不见当年秦始皇。"

管家看了这首诗，明白了主人的意思，他来到吴家，通知他们说："张家准备明天拆墙，后退三尺让路。"吴家根本不相信这是真话。管家就把张英的诗给吴家主人看。看了这首诗，吴家人十分感动。

第二天早上，张家动手拆墙，将围墙后退了三尺。吴家也把自家的墙拆了，后退三尺。于是张、吴两家之间就出现了一条一百来米长、六尺宽的巷子，被称为"六尺巷"。

毕沅助友

毕沅幼年就失去了父亲，全靠母亲张藻抚养成人。张藻是当时颇有名气的才女，不仅能诗，而且学问渊博，著有《培远堂诗集》。毕沅在她的教导下，六岁能读《诗经》《离骚》，十岁便通晓声韵，善作诗文。随后，张藻又亲自把毕沅送到苏州灵岩山，拜著名学者、诗人沈德潜和经学大师惠栋为师，以进一步拓宽视野。后来，毕沅高中状元，离开京城到陕西任巡抚，张藻作《训子诗》，殷切期望儿子"不负平生学，弗存温饱志；上酬高厚恩，下为家门庇"。张藻病故后，乾隆皇帝特赐御书"经训克家"四字褒扬。毕沅因此将室名定为"经训堂"，将自己的诗文集命名为《经训堂集》。

毕沅性情儒雅和易，爱才若渴，身边常名士云集。当时的著名诗人黄景仁由于不愿当官，又不知理财，生活贫困。一天，毕沅读到他"一家俱在西风里，九月寒衣未剪裁"的诗句，马上派人送去白银五十两。黄景仁病逝后，毕沅又出资抚养其老母，还为他整理出版诗集。

祖籍歙县的著名文人汪中与毕沅没有见过面，有一次他跑到毕沅的衙门，递给门卫一张小纸条，只说住在某某客店，转身便走。门卫将纸条呈送毕沅，只见纸条上写道："天下有汪中，先生无不知之理；天下有先生，汪中无穷困之理。"毕沅看罢，哈哈大笑，立即派人送去白银五百两。

在任陕西巡抚的时候，毕沅有一次路过一座寺院，老僧热情招待了他。两人谈得十分投机，毕沅忽然开玩笑地问道："一部《法华经》，不知有多少个'阿弥陀佛'？"老僧从容应道："我一个破庙老和尚，非常惭愧生就钝根。大人是天上文曲星，非同一般，不知一部《四书》有多少个'子曰'？"毕沅不禁一愣，非常佩服老和尚思维敏捷、谈吐风雅，于是捐银为寺里添置田产，还把寺院整修一新。

毕沅最重要的一项成就便是接续司马光的《资治通鉴》，作《续资治通鉴》。虽然毕沅并不是第一位续写《资治通鉴》之人，但是他所著的《续资治通鉴》独树一帜，享有盛誉。此书上起宋太祖建隆元年（960），下迄元顺帝至正二十八年（1368），历史意义不小。

林则徐家训

　　林则徐是清代著名政治家、思想家和诗人。他出身贫寒，父亲林宾日在乡里颇有文名，但在科场颇为不顺，二十九岁才考中秀才，补了廪生。林则徐刚满四岁，林宾日就开始对他进行启蒙教育。尽管望子成龙心切，但林宾日却十分注意施教方法，从不压抑孩子的天性，总是让儿子在快乐的活动中享受读书的乐趣。尽管生活极其艰辛，他始终没有让儿子辍学的念头。

　　林则徐的母亲陈氏也出身书香之家，嫁到林家时，林家"家无立锥"，还欠有许多外债。但母亲从不怨天尤人，而是勤俭持家，相夫教子。林则徐从小孝顺，看到母亲辛苦，曾提出要为父母分担生活重担。母亲拒绝了他，要他安心读书，志存高远。

　　淡泊、仁爱、勤奋是林氏家风的突出特点。林则徐一生最重要的老师，实际上就是他的父母。林则徐在家风的熏陶下，知识学问根基扎实，德行高洁，从小就立下了以治国平天下为己任的远大志向，并养成了百折不挠的坚强意志。他曾先后在浙江、江苏、陕西、湖北、河南等地任地方官，颇有政绩，以至有"林青天"之誉。

林则徐家训 143

他在为官任上始终以国计民生为头等事，"苟利国家生死以，岂因祸福避趋之"，只要义之当往，他从不推托。

林则徐无论到哪里，他的书房里总是挂着父亲亲笔题写的对联："粗茶淡饭好些茶，这个福老夫享了；齐家治国平天下，此等事儿曹任之。"这副对联后来成了林家的家训，林氏子弟将其视作传家宝，誊写并悬挂于中堂之上。

晚清名臣曾国藩少年时期十分愚笨。盛夏的一个晚上，他书房里来了小偷，正在翻箱倒柜找东西，曾国藩恰好这时候从私塾回来，小偷听见脚步声，赶紧藏到了屋梁上。曾国藩推门进来，开始复习当天学过的《岳阳楼记》。《岳阳楼记》是千古名篇，虽然不长，但是他怎么也背不下来。曾国藩很执着，虽然已经学到了后半夜，但他还是没有要睡觉的意思。这可苦了屋梁上的小偷，他本想等曾国藩睡觉后，出来再拿一点东西就走。但是，看曾国藩读文章的劲头，看起来是不准备睡觉了。

炎热的夏天，小偷躲在屋梁上满头是汗。他耐着性子，听曾国藩又将那篇文章读了好多遍，还是背不下来之后，实在控制不住自己了。他从屋梁上跳下，来到曾国藩面前，拿过曾国藩手中的书摔在地上，吼道："就你这么笨，还读什么书，我在屋梁上听都听会了。"说完，很流利地把曾国藩背了大半夜还没有背下来的《岳阳楼记》一字不差地背诵了一遍："庆历四年春，滕子京谪守巴陵郡。……其必曰'先天下之忧而忧，后天下之乐而乐'乎？噫！微斯人，吾谁与归？"然后扬长而

去。曾国藩直直地看着小偷离去，羞愧难当。

　　曾国藩没有天赋，但是凭着勤奋和坚忍最终成为一代宗师。成功和辛勤的劳动是成正比的，有一分劳动就会有一分收获，日积月累，从少到多，奇迹就会被创造出来。

左宗棠生性颖悟，少负大志。五岁时，他随父到省城长沙读书。他曾希望通过科举考试步入仕途，可惜命运并不尽如人意。左宗棠虽小小年纪便考中了秀才，可乡试时试卷竟然没入考官法眼，幸喜赶上道光皇帝五十大寿，开了恩举，主考官重新批阅落选的"遗卷"，左宗棠这才取得举人资格。参加进士考试时，他接连三次榜上无名，其中一次竟是因为湖南人多中了一名进士，湖北人则少了一人，硬生生把作为湖南人的左宗棠撤下进士名单！这样一来，左宗棠的倔劲上来了，他决定不再参加科举考试。二十三岁那年结婚时，左宗棠在新房撰联明志："身无半亩，心忧天下；读破万卷，神交古人。"

左宗棠四十岁时，太平军进攻长沙，湖南巡抚恳请他出山相助。虽然曾经"绝意仕途"，但一来盛情难却，二来自己也不愿真的空老林泉，左宗棠毅然"受任于败军之际，奉命于危难之间"，答应出山。

初到长沙幕府，左宗棠总是被其他幕僚们捉弄。他心中雪亮，但强压着怒火。可是，忍耐终归有限。一次，左宗棠和一位幕僚吵了起来，惊动了整个官邸。幕

僚们纷纷出面劝解，没想到左宗棠丝毫不给面子，还把平日里欺负过自己的幕僚们骂了个遍。从此，官邸上下都知道了左宗棠难惹，开始对他客气起来，甚至见了他都绕道而走。

湖南巡抚发现左宗棠头脑清晰、谋略深远，实属不可多得的人才，慨然对其委以重任；而左宗棠也不负众望，在战火纷飞的乱世中，很快展示出了自己的才华。于是，不少达官贵人、英雄豪杰都来与他结交。左宗棠的朋友越来越多，名气也越来越大，很快得到朝廷重用，破格授以高位。出乎意料的是，左宗棠官位越来越高，脾气却并没有越来越大。有一次，一位下属误听谣言，在背后诽谤左宗棠。左宗棠从外地回来，听说了此事。当时，众人都以为左宗棠会大发雷霆。谁知左宗棠并没有追究，而是主动和对方开诚布公，倾心长谈，消除误会。此事传扬开去，下属们都心悦诚服，更加倾心地追随他。

后来，一位故交前来拜访，特意询问此事。左宗棠这才道出了其中玄机："穷困潦倒之时不被人欺，飞黄腾达之时不被人嫉，这才是人生的大智慧。当年我一无所有，难免有人想踩我，如果没有火爆脾气，早就奄奄一息了；如今，我身居高位，如果还像以前那样暴躁，就会给人一种仗势欺人的感觉，被人嫉恨，将来也许会带来麻烦。"故交听罢，感慨不已："有大胸怀、大智慧者，将来必定能够成就一番大事业！"

　　清朝名臣左宗棠喜欢下棋，而且棋艺高超，很少碰到对手。在奉命率兵赴新疆平叛前夕的一天，他微服上街，看到一个七十多岁的老人在写有"天下第一棋手"六个大字的招牌下摆棋阵。左宗棠觉得老人自称"天下第一棋手"过于狂妄，想教训教训他，便上前挑战。没想到老人不堪一击，连连败北。左宗棠在得意之余，命老人赶快收招牌走人。

　　没想到的是，当左宗棠从新疆平叛归来，那块"天下第一棋手"的招牌依然竖在那里。他很不高兴，决定再教训一次这个不知天高地厚的人。说来也怪，这一次左宗棠居然被老人"杀"得落花流水，三战三败。左宗棠不服，第二天又与之鏖战，这次输得更惨。他觉得不可思议，就问老人为什么他在这么短的时间内棋艺会进步得如此之快，老人微笑着回答："上次您虽是微服出巡，但我知道您是左大人，而且即将出征新疆。我不想挫伤您这个一军主帅的锐气，所以故意让您赢，让您作为一个击败'天下第一棋手'的胜利者信心十足地去平叛立功。如今，您已凯旋，我也就无所顾忌，不再谦让了。"左宗棠听后，羞惭不已。他佩服老人的胸襟，暗暗下决心，以后要做一个谦虚的人。

　　彭玉麟，字雪琴，号退省庵主人、吟香外史，祖籍湖南衡阳，生于安徽省安庆府。清朝著名政治家、军事家、书画家，人称"雪帅"。与曾国藩、左宗棠并称"大清三杰"，与曾国藩、左宗棠、胡林翼并称"中兴四大名臣"。

　　彭玉麟身居高位，却始终坚持一条"不要钱"的原则。咸丰四年（1854）冬，彭玉麟率湘军水师配合陆师攻陷了田家镇后，清廷奖励他四千两白银，他却转而用

于救济家乡贫苦百姓。他在给叔父的信中说："想到家乡多穷苦人家，正好用这笔银子行些方便，也算是好事。"并要求叔父从中拿出一些银两在家乡办所学堂，期望为家乡"造就几个人才"。他对自己和家人却甚为严苛，当得知儿子花费两千串铜钱修葺了家中老屋之后，即去信严辞斥责："你为什么用这些钱修建房屋？盖房买田是仕宦恶习，我曾发誓不做这些事。没想到你竟然大兴土木，如此奢靡。"其实，他儿子修葺的老屋也不过是三间土墙瓦屋而已。

彭玉麟在去世前，将自己为官几十年积攒起来的上百万两白银的财产全部捐献了出来，作为军费。

图书在版编目（CIP）数据

中华传统文化主题故事读本. 修身齐家/高滨，杜威主编.—杭州：浙江古籍出版社，2018.6
ISBN978-7-5540-1245-1

Ⅰ.①中… Ⅱ.①高… ②杜… Ⅲ.①中华文化-青少年读物 Ⅳ.①K203-49

中国版本图书馆CIP数据核字（2018）第088937号

中华传统文化主题故事读本·修身齐家

高 滨 杜 威 主 编
田社英 吕晓峰
侯鹏科 副主编

出版发行 浙江古籍出版社
　　　　（杭州市体育场路347号）
网　　址 www.zjguji.com
选题策划 关俊红
责任编辑 伍姬颖
文字编辑 石　梅
责任校对 余　宏
美术设计 刘　欣
封面绘图 懒懒灰兔
责任印务 楼浩凯
照　排 杭州兴邦电子印务有限公司
印　刷 杭州丰源印刷有限公司
开　本 880mm×1230mm　1/32
印　张 5
字　数 136千字
版　次 2018年6月第1版
印　次 2018年6月第1次印刷
书　号 978-7-5540-1245-1
定　价 18.00元

如发现印装质量问题，影响阅读，请与印刷厂联系调换。